1

Fulmini e Saette

Seconda Edizione Riveduta e Corretta

Pasquale Misuraca

LaVitaNuovaLibri 2021

Questo libro è dedicato ad Alexandra, la complice

INDICE

Prefazione

Fra le mie opere, quali preferisco? Fra le opere di scienza, quali a me paiono più inventive e rigorose? E tra le opere d'arte, quali più belle e originali?

Opere d'arte ne ho realizzate in diversi campi, eclettico come sono: cinema, teatro, fotografia, pittura, scultura, poesia, prosa… Ecco, la prosa. Tra le prose brevi dei primi decenni del sempre più sorprendente XXIesimo secolo ho selezionato i più distruttivi **Fulmini** e le più terapeutiche **Saette** composte per i giovani lettori di *Alias* (supplemento culturale del quotidiano *il manifesto*), i **Pensieri haiku** e gli **Aforismi**, testi brevi per eccellenza – indirizzati sempre primi fra tutti ai giovani, coloro che hanno davanti molto tempo da vivere e poco ne vogliono perdere.

È venuto fuori questo libro che dedico ad Alexandra, con cui ho festeggiato da pochi giorni il 51esimo anniversario di matrimonio (aggiungete i primi tre anni di nostra convivenza trascorsi allegramente nel peccato – fate voi i conti).

La foto di copertina è uno scatto di Giuliano Cabrini amico di una vita. Nell'inverno del 1968 facevo il militare a Civitavecchia. Superando mille ostacoli insuperabili, compresa una rara nevicata laziale, Alexandra era riuscita a venire da Roma. Ci incontriamo all'improvviso mentre rientro, con Giuliano, in caserma, dalla 'libera uscita'. In quegli anni i militari di leva ricevevano in dotazione un vestiario fuori misura, che dovevano poi aggiustare a proprie spese. Mi ero rifiutato di aggiustare alcunché. L'anno prima avevo partecipato all'occupazione della Facoltà di Architettura di Roma contro l'autoritarismo dei 'baroni universitari'. Ora diffondevo la protesta nella Caserma Piave di Civitavecchia contro i 'burocrati militari', organizzando gruppi di studio e scioperi della fame e… portando provocatoriamente in giro il gogoliano cappotto. Tutta Civitavecchia rideva, i 'superiori militari di professione' erano furibondi. Ma Alexandra mi amava, e io la adoravo. Giuliano ha reso testimonianza di noi e del mondo grande e terribile e risibile."

Buona lettura.

Pasquale Misuraca
Casa Labicana in Roma, 1 gennaio 2021

Fulmini e Saette

Solitudine

C'era una volta "il socialismo in un paese solo". Ricordate? Poi il socialismo è esploso allargandosi a mezzo mondo, infine è imploso restringendosi... Fino a che punto, direte voi?

Leggendo il libro di Aldo Garzia: *Cuba, dove vai?*, un panpepato pieno di bontà (buona memoria), ricco (di informazioni), onesto (domande pesanti), leggero (ammirate il montaggio) ciascun "fraterno ipocrita lettore" potrà farsi un'idea con la propria autonoma capoccetta.

Noi che siamo "sarcasticamente appassionati" – Antonio Gramsci prigioniero del carcere fascista docet – un'idea ce la siamo fatta sul socialismo prossimo venturo, riflettendo su Fidel Castro, in principio dai suoi compagni di rivoluzione chiamato affettuosamente "il cavallo" e oggi timorosamente "il Capo" ("quando parlano di lui (...) si guardano intorno con fare circospetto" – p. 141).

Sopravvissuto a 637 tentativi di assassinio, provvisto di una elefantiaca memoria ("Fa colazione con non meno di 200 pagine di notizie" - Garcìa Marquez), Fidel che ha detto sì nel 1968 all'invasione di Praga e no alla perestrojka nel 1988, il recordman mondiale del più lungo discorso politico (7 ore e 15 minuti nel febbraio 1998), che nel 2003 ha mandato in carcere 75 dissidenti e a morte 3 dirottatori, l'ottantenne guarito in meno di due mesi nel 2004 di una frattura al ginocchio, "più entusiasta e rivoluzionario che mai", sta ormai esibendo icasticamente il socialismo in un uomo solo.

(*Alias*, novembre 2005)

Irresponsabilità

"Di che segno sei?" – mi domanda ansiosa la compagna di viaggio. "Pesci" – mi tradisco. "Ah, ho capito… un segno doppio - sei doppio…"

Siamo pigri. Non abbiamo voglia, ogni mattina, ogni viaggio, di dare senso alla nostra vita producendo un po' di cultura. "Cultura è una sezione finita dall'infinità priva di senso del divenire del mondo." (Max Weber) Siamo irresponsabili. Vogliamo credere che un senso il mondo ce l'abbia "a prescindere" da ciò che facciamo e desideriamo.

Sennonché. Il mondo è fatto di corrispondenze matematiche e caotici terremoti, siderali geometrie e onde anomale: per ciò serve la meteorologia - non l'astrologia - a dargli senso. Siamo noi esseri umani, ragionevoli desideranti, distinguendo regolarità da ingiustizie, costruendo regole e giustizie - a dare senso alla vita mortale e al mondo universo. Non siamo registi della nostra giornata – come insinuano Marx e Freud? Ne siamo tuttavia attori-coautori: come Benigni, come Totò.

Gli astrofili italiani (amanti dell'astronomia) hanno recentemente lanciato gridando fulmini e saette verso i sacerdoti dell'astrologia, in quanto attenuano l'ansia coltivando la credulità. Io concordo epperò, considerata attentamente la questione (considerare vuol dire "osservare gli astri") e desiderata intensamente la bella (desiderare vuol dire "cessare di contemplare le stelle a scopo augurale") sussurrerò rasserenante alla compagna di viaggio: "Mi innamorerò solo di te."

(*Alias*, dicembre 2005)

Coerenza

Heidegger fu affascinato dal nazismo per pochi mesi, e dalle donne per tutta la vita. Cose note. Ignoto era fino a ieri ciò che risulta oggi dalla pubblicazione (in Germania) delle sue mille lettere alla moglie Elfride, e cioè il notevole numero delle donne amate dal filosofo: "Quando la mia esistenza è priva di passione, ammutolisco e la fonte non zampilla." – scrive il 23.VI.1956. Secondo un progetto (passionale) dunque agiva Heidegger, dispiegato il quale alla moglie ogni volta inevitabilmente ritornava.

Cosa muoveva quest'uomo a vivere avanti-indietro, appassionandosi ad un'altra donna-amante e ritornando alla donna-moglie di sempre? La filosofia. Martin Heidegger era un uomo guidato dalla propria filosofia.

Sento crepitare sulla mia testa fulmini e saette: "Heidegger è un grande filosofo, Martin è un gran maiale." "Il filosofo era ossessionato dalla ricerca dell'autenticità, l'uomo dalla ricerca del piacere."

Macchè. Questo essere umano era coerente, e intero: pensava teoricamente e agiva praticamente guidato dal suo esistenzialismo negativo. Lo riassumo con le parole di Nicola Abbagnano, "L'esistenza è un essere possibile, cioè un progettarsi in avanti; ma questo progettarsi in avanti non fa che cadere all'indietro, su ciò che l'esistenza è di fatto. (…) L'esistenza è trascendenza: procede continuamente al di là della realtà esistente, progettando. Ma trascendere e progettare fanno ricadere l'uomo nella realtà di fatto, e lo rinsaldano in essa."

(*Alias*, gennaio 2006)

Dignità

Roma nord, dalle parti del Nuovo Salario. Incontrandoci dopo parecchi anni, Peppina e Bruno, madre e figlio, casalinga del Tiburtino Terzo e docente dell'Università di Tor Vergata, mi raccontano la morte di Otello marito e padre idraulico comunista. Qualche anno fa era arrivato il momento difficile per il burbero omone amico mio, aggredito da un tumore frettoloso. "Era pieno di metastasi ormai, e di macchie, qui, sulle braccia, dappertutto… - ricorda Bruno - La mattina s'è voluto alzare in piedi per fa' pipì, dignitoso com'era, per non dà fastidio… Ha fatto e m'è morto fra le braccia". "All'ultimo ci ha fatto ciao, ciao, con la mano, così" – aggiunge Peppina, e imita il suo saluto, contenta di ricordarlo in piedi.

(*Alias*, febbraio 2006)

§

Emulazione

Roma centro, quartiere Esquilino.

Il greco-cipriota immigrato è un simpatico emulo di Enea troiano-italico esiliato. Come ricorderai, lettore che mi leggi, il principe troiano (in un certo senso turco) fa gli ultimi sforzi per difendere la propria città incendiata dai Greci, poi visto tutto perduto si ritira sul Monte Ida e infine, per mare, a Lavinio - e diviene eroe italico (in un certo senso italiano). Lo salva un cambio di vestiti (scudo e armi troiane con scudo e armi greche) e "un dio tra le fiamme e i nemici" (*Eneide*, II, 632).

Periclis è oggi un maturo architetto, sopravvissuto giovane all'invasione turca di Cipro e approdato trent'anni fa a Roma. Lo ha salvato un cambio di vestiti e la Croce Rossa - mi racconta. Sbandato nei giorni del luglio 1974, consapevole di finire nelle mani delle truppe turche accerchianti, ripara in un villaggio della Mesaorìa, fa a pezzi il fucile e lo getta in un pozzo, cambia la divisa militare con vestiti civili offerti dagli abitanti, viene catturato e trascinato verso i campi di concentramento turchi. Ma una pattuglia della Croce Rossa ("un dio tra le fiamme e i nemici") fa in tempo e in modo di segnarne il nome. Sarà per ciò restituito ai suoi e infine regalato a noi.

(*Alias*, marzo 2006)

§

Famiglia

Si parla molto in questi giorni, e nelle prossime settimane si parlerà troppo, in Italia, di "famiglia". Ecco qui sulla questione quattro parole, rivolte (specialmente, ma non esclusivamente) ai cattolici tradizionalisti che contestano ogni nuovo genere di comunità familiari in nome della "famiglia cristiana".

Due parole antropologiche: voi dimenticate che la famiglia in cui Gesù è nato era niente affatto tradizionale. I cristiani credono Gesù figlio di Maria e del loro Dio - come i greci antichi credevano Ercole figlio di Alcmena e Zeus, gli antichi caldei Gilgamesh di Sakharo e Shamash... In somma, Gesù non è figlio di una famiglia coniugale convenzionale e il suo concepimento è il prodotto di una inseminazione che più artificiale non si può.

E due parole filologiche: dovete considerare più attentamente la famiglia secondo l'esperienza e il progetto di Gesù. I rapporti di Gesù con la propria famiglia erano tesi fin dalla adolescenza (dodicenne, ai genitori: "Perché mi cercavate?" Lc 2, 49) e con la madre fino alla fine ("Che ho da fare con te, o donna?" Gv 2, 4), era incompreso e offeso dall'insieme dei suoi familiari ("I suoi dicevano: 'E' fuori di sé.'" Mc 3, 21), ne aveva dolorosa esperienza e chiara coscienza ("Un profeta non è disprezzato che nella sua patria, tra i suoi parenti e in casa sua." Mc 6, 4 – "Neppure i suoi fratelli infatti credevano in lui" Gv 7, 5). Gesù, poi, non costruì una sua famiglia di sangue, gerarchizzata e chiusa, ma famiglie elettive, comunitarie e aperte ("'Chi è mia madre e chi sono i miei fratelli?' Girando lo sguardo su quelli che gli stavano seduti attorno, disse: 'Ecco mia madre e i miei fratelli!'" Mc 3, 33)

(*Alias*, aprile 2006)

§

Chiacchiere

Lasciamo stare i sordi e i ciechi, quelli che possiedono la certezza (religiosa) o la certificazione (ideologica) delle proprie credenze e idee, e quelli che erano incerti ma ora non ne sono più tanto sicuri. Con coloro che hanno orecchie per sentire e occhi per vedere, potremmo discutere (scuoterci reciprocamente le radici) e conversare (cambiare verso l'uno con l'altro), cioè svolgere quelle pratiche espressive-comunicative-trasformative che rendono la vita umana plastica e leggera.

Potremmo ascoltare e parlare. Di che cosa? Calma. Non mettiamo il carro davanti ai buoi. Non è questione "di che cosa" discutere e conversare. Così come non ci sono forme più nobili di altre in natura – come spiegava Galilei e mostrava Caravaggio - non ci sono argomenti più vitali di altri in cultura. "Con chi", questo è il problema. Infatti le persone che amano discutere e conversare sono poche e sparse, e non da oggi: "Oh! Non c'è sventura più grande di questa antipatia per ogni discussione." (Socrate secondo Platone)

Ma perché sono pochi questi orgogliosi di scuotere e trasformare le proprie credenze e idee, e molti quelli che le recintano e se ne vantano? Per superbia, per modestia, per viltà, per temerità. La maggioranza degli esseri umani preferisce chiacchierare (parlare in modo futile e inconcludente) e discorrere (correre qui e là). E così, nella nostra rigida e greve vita, rare avventure con rare persone. Il resto, il più, è un orrendo ammasso di preghiere, esibizioni, pettegolezzi, abiure: insomma chiacchiere.

(*Alias*, maggio 2006)

§

Possibilità

Proprio nel giorno del Corpus Domini andiamo a vederlo questo Corpo del Signore tanto questionato. Non il corpo crocifisso in Chiesa, in massa coi fedeli e pregando a capo chino, bensì il corpo resuscitato in Palazzo, in fila coi cittadini e conversando a testa alta.

Alle feste liturgiche, ai rituali religiosi, preferiamo le feste culturali, i rituali laici. Alla venerazione, all'adorazione sacra preferiamo l'ammirazione, l'emozione estetica. Insomma ai misteri della religione preferiamo i mestieri dell'arte: anche questa riunisce e rifrange gli esseri umani ma senza alienarli come quella.

La conversione di Saul del Caravaggio, esposta a Palazzo Odescalchi in Roma in questi appena trascorsi giorni di giugno, è la prima versione del tema, rifiutata perché "non piacque al Padrone" (riferisce il Baglione). La ragione del dispiacere del committente? Poca fedeltà al testo sacro, al testo di Saul convertito divenuto Paolo: il quadro mostrava infatti il corpo resuscitato di Gesù.

E così fu necessaria una seconda versione della conversione: andiamo a rivederla in Santa Maria del Popolo a Roma. Notiamo come il Caravaggio, che di chinare il capo non aveva proprio voglia, compose un'opera ancora più trasgressiva, e irrisoria dei dettami controriformistici del cardinale Paleotti - con quel gran culo di cavallo in primo piano, e più bella ancora, pienamente libera com'è dalle mode manieriste - che segnavano quell'epoca come la nostra. Ogni ostacolo è per un artista una nuova possibilità.

(*Alias*, ottobre 2006)

§

Vero e falso

Mauro Pesce è docente universitario e storico del cristianesimo, Corrado Augias è giornalista detective e scrittore eclettico. Si sono messi insieme per ricostruire "la vita vera" di Gesù (la sua vita storica) districando la sua vita vera e dalla sua vita falsa (la sua vita ideologica) tramandata dai Vangeli, ed ecco *Inchiesta su Gesù*, Mondadori editore. Leggiamo.

Pesce sostiene che Gesù era un ebreo fedele alla Torah. "Non c'è una sola idea o consuetudine, una sola delle principali iniziative di Gesù che non siano integralmente ebraiche." Questo è falso. Infatti Gesù ha criticato teoricamente e praticamente la religione ebraica, i suoi rigidi precetti e i suoi rituali ossessivi (vedi per tutti il riposo settimanale - "Il sabato è fatto per l'uomo, non l'uomo per il sabato") e la sacralità delle scritture (vedi il leitmotiv "E' scritto [...] ma io vi dico"). Pesce sostiene che Gesù "non ha mai detto di essere cristiano". Questo è vero.

Infatti Gesù non si diceva cristiano - e non si diceva ebreo - per la doppia buona ragione che non era cristiano e non era ebreo. Gesù non osservava fedelmente una antica religione del tempio e del sacrificio (ebraismo) e non intendeva fondare una nuova religione del tempio e del sacrificio (cristianesimo). Erano proprio il tempio e il sacrificio ciò che rifiutava con gli atti e con le parole. Un esempio dirimente per tutti? Gesù scaccia a colpi di frusta i mercanti dai dintorni del tempio. Perché lo fa? Pesce sostiene e fa scrivere ad Augias che "Gesù non ha mai parlato contro i sacrifici", che "non era contrario per principio ai sacrifici" ma soltanto "verso alcune pratiche che giudicava irrispettose", come le pratiche mercantili "che prosperavano con la connivenza dei sacerdoti anche nei pressi del tempio". Insomma Gesù era un moralista. Questo è falso.

Gesù superava teoricamente e praticamente (anche con questo gesto) le religioni del sacrificio (compreso l'ebraismo) e fondava la religione dell'amore (che non è il cristianesimo). Questo intendeva dire e fare, ed ha fatto e detto, nella sua vita breve, Gesù, con le buone (i pesci) e con le cattive (la frusta). Ma i cristiani, fin dall'inizio, fin dai discepoli, fin dagli evangelisti, fino a oggi, lo hanno ridotto al fondatore di una ennesima religione del sacrificio e del tempio. Peccato. I laici poi, come abbiamo visto anche in questo tentativo storico-giornalistico di Pesce e Augias, continuano a confondere – nonostante le buone intenzioni - "ciò che Gesù ha in effetti detto, fatto, sperimentato e creduto". Lo sapeva già Ennio Flaiano: "Di buone intenzioni è lastricato l'inverno." L'inverno, con la 'v', quello del nostro scontento.

(Alias - gennaio 2007)

§

Fulmini e Saette

Per commemorare apertamente uno dei miei giovani maestri (anche questo discendente di un lavoratore del legname, come Gesù), Tommaso Cassai detto Masaccio, morto a 27 anni, e festeggiare obliquamente il 27simo pezzo di questa rubrica occhiuta, scelgo il tono semiserio e rivelo le ragioni coscienti del suo titolo bino 'Fulmini e Saette'. Le Quattro Ragioni.

Primavera. Quando ero ragazzino guardavo e leggevo il giornaletto 'Capitan Miki'. Suo protagonista era un giovanissimo pistolero molto simpatico e molto veloce, affiancato e protetto da due uomini molto maturi e molto spiritosi, 'Salasso' e 'Doppio Rhum'. Non ricordo bene più quale dei due esplodesse ogni tanto in un sonoro "Fulmini e Saette!", ma ricordo benissimo che mi identificavo con tutti e tre.

Estate. Zeus scaglia fulmini, Apollo lancia saette. Quando ero adolescente mi piacevano tutti e due, padre e figlio, e sono cresciuto nel sogno di emularli in forma di Zeus all'incontrario (che lancia fulmini capaci di salire dalla terra al cielo) e d'un Apollo esclusivamente terapeutico.

Autunno. Con la maggiore età ho imparato a non farla lunga. Un fulmine è breve (checché ne pensi Gadda), una saetta è breve (come ben sa Poliziano).

Inverno. Adesso che m'avvio verso il finale, e "diminuiscono le possibilità di diventare immortale" (Flaiano), mi diverto pensando che se talvolta Omero dormiva, talaltra Pasquale può svegliarsi da sogni inquieti (Kafka).

(*Alias*, febbraio 2007)

§

Epigoni

Questi maestri, professori, docenti (i due terzi della categoria) che torturano ragazzi, adolescenti, giovani, con le loro lezioni che non somigliano all'innaffiamento misericordioso di una pianta di basilico per farla vivere turgida e allegra ma all'ingozzamento forzoso di un'anatra per farla morire col fegato scoppiato, con i loro esami concepiti e praticati come epilogo velenoso di un processo di conformazione al mondo esistente e non esperienza culminante di un processo di formazione per il mondo che verrà, con le loro entrate nei corridoi e nelle classi – col sorrisetto adatto a mostrare i denti - e le loro uscite dalle scuole e dalle università – col passo precipitoso di chi si allontana dalla scena del delitto, questi che non esercitano una professione civile, intellettuale, morale, ma un dovere d'ufficio, un incarico militare, una missione religiosa, questi che non entrano in classe per insegnare e imparare ma per sorvegliare e punire, questi che a parole proclamano di voler 'conservare la tradizione' o 'cambiare il mondo' e nei comportamenti mostrano di volere che la tradizione sia messa in salamoia e che il mondo non cambi loro, mi ricordano l'incipit della terza *Tesi su Feuerbach* di Marx di Treviri: "La dottrina materialistica, secondo la quale gli uomini sono prodotti delle circostanze e dell'educazione, dimentica che sono proprio gli uomini che modificano le circostanze e che l'educatore stesso deve essere educato." Sì, Karl, giusto, ma da chi? Chi modificherà queste circostanze? Chi educherà questi educatori?

I filosofi? I rivoluzionari? I dottori della legge? No. La storia del mondo grande e terribile ci ha insegnato di no. Le strategie conoscitive-e-trasformative di Platone di Atene, di Lenin di Simbirsk, di Pietro di Betsaida, e dei loro Diadochi, si sono rivelate irrealistiche, anacronistiche, mitologiche (*Quaderno 11*) – e per la precisione "intrinsecamente teologiche" (*Quaderno10*), "forme moderne del vecchio meccanicismo" (*Quaderno 14*), "religioni di subalterni' (*Quaderno 11*). E allora? Chi educherà questi educatori? Il terzo residuo di maestri-professori-docenti - ecco chi - alleato con il terzo antiautoritario, plastico, autonomo dei ragazzi-adolescenti–giovani: una nuova allenza a ripartire dal buono, dallo "storicamente progressivo", che c'era nel sessantotto del secolo scorso. Bene. E chi ispirerà questa meravigliosa maggioranza in questa impresa epigonale? Gramsci di Ales, per l'appunto, il quale nei Quaderni ha mostrato e dimostrato (a chi ha occhi per vedere e orecchie per sentire) che questo problema dei problemi si risolve non con una rivoluzione filosofica, non con una rivoluzione religiosa, e nemmeno con una rivoluzione politica – come sognavano i suoi stessi progenitori ideologici - bensì con "una riforma intellettuale e morale", e sapendo bene che "il rinnovamento intellettuale e morale non è simultaneo in tutti gli strati sociali, tutt'altro: ancora oggi molti sono tolemaici e non copernicani" (*Quaderno 15*). Roba forte, impresa da Epigoni.

Epigoni e Diadochi. "Perché gli Epigoni dovrebbero essere inferiori ai progenitori? Perché dovrebbe essere legato al concetto di Epigono quello di degenerato? Nella tragedia greca, gli 'Epigoni' realmente portano a compimento l'impresa che i 'Sette a Tebe' non erano riusciti a compiere. Il concetto di degenerazione è invece legato ai Diadochi, i successori di Alessandro.' (*Quaderno 8*)

(*Alias*, marzo 2007)

§

Televisione

È stata una cattiveria impedire a Corrado Vivanti ed a me di lavorare insieme in televisione. Ci divertivamo, è vero, ma non c'era niente di male. L'avevo conosciuto quand'ero giovane leggendolo sui libri, come uno degli uomini di cultura che fanno dell'Italia un paese degno di essere abitato, e studiato (anche attraverso i suoi lavori - per dirne uno, di condirettore della Storia d'Italia Einaudi).

Poi nel 2001 l'ho conosciuto 'di persona', lui consulente storico – fra altri - de "La storia siamo noi", nave ammiraglia di Rai Educational (diretta allora da Renato Parascandolo), io autore – fra altri. Facevamo storia con la televisione, una panoramica e penetrante narrazione audiovisiva, fatta con la precisione della scienza storica e l'immaginazione dell'arte televisiva, fatta di parole e di cose, di date ragionate e immagini rivelatrici, scene di film e arie di melodramma, soggetti virtuali (dal Web) e oggetti materiali (in studio), canzoni cantate-figurate e dialoghi di storici e sociologi e antropologi di tutte le scuole e tutti i colori, di facce comuni e documenti d'archivio, di tradizioni televisive consolidate e invenzioni linguistiche a rotta di collo, insomma una narrazione della "verità effettuale della cosa" e non della "immaginazione di essa", storia e non ideologia dico (e richiamo la formula machiavelliana per ricordare il Corrado Vivanti curatore dell'edizione critica delle 'Opere' dell'immenso scienziato politico fiorentino), una storia integrata - e divertente, rigorosa - e spettacolare.

Finché il Centro-Destra ha vinto le elezioni politiche e ci hanno cacciato quasi tutti, dicendo che facevamo una storia "comunista". Sciocchezze. Basta rivedersi le sessanta puntate di un'ora realizzate nell'anno televisivo 2001-2002 – una caleidoscopica ricostruzione della storia d'Italia - per riconoscere la meschinità di una scusa buona solo a scompaginare un miracoloso pool di costruttori di storia e televisione. Corrado Vivanti era fra tutti noi il più anziano eppure il più vivace, il più saggio eppure il più plastico, il più preciso eppure il più leggero. Adesso me lo ritrovo di nuovo sulla carta: è uscita infatti una nuova edizione di un gran libro di Alexis de Tocqueville (uno scienziato politico che nel tempo suo non era secondo a nessuno, ed è buono pure oggi per capire cosa è stata e cosa può diventare la democrazia dei moderni), *La democrazia in America* è il suo titolo (Einaudi, 2006) a cura proprio di Corrado Vivanti. Finita di leggere la sua prefazione, tanto è bella e promettente che ho provato – proverai anche tu - un momento d'incertezza, come di fronte a certe donne, che a un certo punto non sai decidere se andare avanti fino al testo o contentarti del meglio che possono darti – la prefazione, appunto.

(*Alias*, aprile 2007)

§

Fariseismo

Mi ha intristito questo libro di Piergiorgio Odifreddi, *Perché non possiamo essere cristiani*, Longanesi 2007. Non sono i contenuti che argomenta ad affliggermi, è il tono – sbrigativo e triviale.

Dico 'il tono' perché 'i contenuti' del libro non sono nuovi, sono farina di sacchi altrui - e se è vero che anche Mozart rubava è anche vero che si giustificava mostrando di saper trattare meglio degli altri i motivi in questione. L'originalità, d'altronde, è come la viltà: se uno non ce l'ha non può darsela.

Leggo pazientemente, resistendo alla tentazione di abbandonarlo questo libro sprezzante fino a richiamare il fatto che 'cristiano' e 'cretino' condividono la radice linguistica, insisto ostinatamente, per capire qualcosa di più intorno questo 'Figlio dell'uomo' che è Gesù di Nazareth, e ad ogni capitolo, ogni paragrafo, ogni pagina mi tornano in mente due figure che fanno capoccetta nei Vangeli, apparentemente antitetiche, in realtà fatte della stessa materia di cui sono fatti gli incubi.

Il fariseo cinico che salta su mentre le discepole e i discepoli raccolgono spighe di grano tenero per ingannare la fame, e rimprovera Gesù perché lascia fare loro un 'lavoro' – attività proibita dalla Legge nel giorno del sabato. E Gesù, alzando vertiginosamente il tono del discorso, gli spiega chi e perché dei due, l'uomo o il sabato, sia fatto per l'altro: "Ora io vi dico che qui c'è qualcosa più grande del tempio. Se aveste compreso che cosa significa: 'Misericordia voglio non sacrificio' non avreste condannato individui senza colpa."

E il seguace ottuso, che di fronte al commovente "Seguimi" di Gesù oppone un cauteloso "Concedimi di andare a seppellire prima mio padre" - e Gesù, operando un crescendo beethoveniano sul tono del discorso, lo sferza con un: "Lascia che i morti seppelliscano i loro morti."

Ecco, questi seguaci di Gesù, così prudenti, così vogliosi di sacrificio e non appassionati d'amore – che ti ritrovi sempre intorno, e questi avversari di Gesù, così irridenti, così 'due più due fa quattro punto e basta' – che ti ritrovi sempre intorno, mi intristiscono. E il coraggio della verità degli altri? E l'allegria del nostro dubbio? Dove sono finite? Immagino di stare accanto a Gesù, questo fratello senza amici, in uno dei suoi viaggi, in uno dei suoi villaggi. È circondato dai farisei presuntuosi e dagli adepti confusi, e non riesce a parlare con il groppo alla gola che ha. Allora disegna - forse la griglia del gioco della trinca, sognando un ragazzo che si metta a giocare con lui – come lui faceva con suo padre, forse da un lato un'incudine e dall'altro un martello, disegna Gesù, sperando di giocare e disperando di elevare il tono del mondo, con un dito tremante disegna nella polvere.

(*Alias*, maggio 2007)

Figlio dell'uomo

Ho ancora tra le mani avendolo appena letto e riletto il nuovo libro di Joseph Ratzinger, *Gesù di Nazareth*, Rizzoli, 2007. Libro universalistico e partigiano, dovizioso ed elusivo, riuscito come proposta editoriale e fallito come impresa intellettuale - come vorrei mostrare discutendo la questione apparentemente laterale e realmente centrale dei 'titoli' di Gesù.

"In tutto il Nuovo Testamento – trileggo a pagina 370 – l'espressione 'Figlio dell'uomo' si trova soltanto sulla bocca di Gesù, con l'unica eccezione della visione di Stefano morente che 'cita' Gesù" [mentre] "la cristologia degli scrittori del Nuovo Testamento, anche degli stessi evangelisti, non si fonda sul titolo 'Figlio dell'uomo' bensì sui titoli 'Cristo' (Messia), 'Kyrios' (Signore), 'Figlio di Dio'…" E' vero. Aggiungo – per amore di precisione e verità - che questo vale anche prima, per i discepoli di Gesù, e poi, per i cristiani nella loro generalità fino ad oggi. In somma Gesù si chiamava in un modo, e i cristiani lo chiamavano e lo chiamano in altri modi, non lo definiscono come lui si autodefiniva.

Una ragione ci sarà, penso io (e pensi tu che mi stai leggendo) se Gesù sceglie di chiamarsi con quel 'titolo' che "non era consueto nella speranza messianica" (pagina 373) e che "all'epoca di Gesù non esisteva come titolo" (pagina 374), e un'altra ragione ci sarà se i cristiani hanno imposto, a se stessi e agli altri, altri modi di chiamarlo, altri 'titoli'. Joseph Ratzinger elude la questione, non coglie queste diverse ragioni, non spiega questa differenza, anzi scrive come se questa differenza non ci fosse, come se i diversi titoli di Gesù, l'autodefinizione gesuana e le definizioni cristiane, siano equivalenti – cadendo in errore capitale. E sì come nella 'Introduzione' del 'Gesù di Nazaret' di Joseph Ratzinger è scritto chiaro e tondo che "Questo libro non è in alcun modo un atto magisteriale, ma è unicamente espressione della mia ricerca personale. Perciò ognuno è libero di contraddirmi" vorrei svelare la contraddizione e affrontare il problema.

Per farla breve (perché la vita è breve) nell'Antico Testamento l'espressione 'Figlio dell'uomo' indica a) un singolo individuo del genere umano, b) l'umanità nel suo complesso (comprendendo indirettamente anche la persona che parla), c) il figlio dell'uomo mortale, d) un uomo comune. In sostanza, 'Figlio dell'uomo' vuol dire 'uomo'. Quando Gesù di Nazareth dice di essere 'Figlio dell'uomo' dice di essere 'uomo'. Gesù non dice di essere "anche" uomo – questo glielo fanno dire i cristiani, che lo chiamano 'Cristo' – che vuol dire Messia, 'Signore' – che vuol dire 'signore con la maiuscola', 'Figlio di Dio' – che vuol dire due cose diverse insieme: 'uomo-e-Dio' (il titolo fondamentale della religione cristiana, gli altri due – Signore e Messia - essendo residui di religioni precedenti).

Ecco dunque che Ratzinger, il quale con questo libro ha "voluto fare il tentativo di presentare il Gesù dei Vangeli come il Gesù reale, come il 'Gesù storico' in senso vero e proprio" (pagina 18), non ce l'ha fatta: alla fine del libro, come al principio dei tempi, Gesù di Nazareth (il Gesù storico, il Gesù di tutti) e Gesù Cristo (il Gesù dei cristiani, il Gesù di una parte), restano due figure diverse, non riducibili l'una all'altra. Ma allora, quale era il disegno di Gesù? Ratzinger scrive (pagina 378) che "Gesù parla in una forma che lascia all'ascoltatore l'ultimo passo per la comprensione." Questa volta ha ragione: l'ultimo passo spetta a te, lettore, lettrice.

(*Alias*, giugno 2007)

§

Intellettuali

Questa Anna Politkovskaja, stroncata a quarantotto anni da Vladimir Putin e i suoi maggiordomi russi perché criticava l'Esercito e la Burocrazia e il Putin in persona, era ed è uno di quei rari esseri umani che fanno della nostra vita difficile una cosa degna d'essere vissuta.

Verso la fine di *Proibito parlare* (Mondadori, 2007), una selezione degli ultimi articoli da lei pubblicati sul quotidiano "Novaja Gazeta" - libro che ho letto come da ragazzo mangiavo senza respiro un cestino di ciliegie - dentro un articolo intitolato "Da Kiev si può iniziare la fuga" ho sottolineato la frase: "Se diventi nemico del potere politico […]

Kiev è il posto ideale per fuggire dalla Russia". Ed ho latolineato: 'Ecco come si documenta una situazione per chi ha desiderio di sapere e si svela l'estrema possibilità a chi si ostina a vivere a testa alta.' Naturalmente, per fare questo, Anna non doveva fuggire lei stessa, è rimasta a scrivere, e l'hanno sparata, prima al cuore e poi alla testa.

Più di una volta, leggendo ammirato questa giornalista capace di guardare pessimisticamente in alto, verso i potenti, e ottimisticamente in basso, verso gli umili - questa donna aristocratica con i forti e democratica con i deboli – ho pensato al programma di Niccolò Machiavelli: "Così come coloro che disegnino e' paesi si pongano bassi nel piano a considerare la natura de' monti e de' luoghi alti, e per considerare quella de' bassi si pongano alto sopra monti, similmente a conoscere bene la natura de' popoli bisogna essere principe, et a conoscere bene quella de' principi bisogna essere populare." Tutto questo sta accadendo in Russia, un paese "sempre più simile all'URSS" – come titola 'la Repubblica' del 21 aprile 2007 un articolo di Sandro Viola. In Russia, cioè in un paese formalmente democratico, ma sostanzialmente autoritario, dal momento che la separazione dei Poteri è formale e non sostanziale.

E qui, in Italia, cosa sta accadendo oggi tra giornalisti e Poteri? Cosa accade in un paese come il nostro in cui la separazione dei Poteri è non soltanto formale ma anche (nonostante tutto) sostanziale? Qui da noi accade la stessa cosa, cari amici vicini e lontani, accade cioè che i giornalisti signori-di-se-stessi sono pochi e rischiano, ed i giornalisti servi-del-potere sono molti e raschiano. Perché? Il perché va trovato nella costituzione degli intellettuali dell'intero mondo moderno – autoritario o democratico che sia.

Mostra e dimostra infatti Antonio Gramsci nei suoi *Quaderni del carcere* che nel mondo moderno i giornalisti (e gli intellettuali di professione) sono fatti – nella stragrande maggioranza - della stessa materia di cui sono fatti i Sacerdoti delle Chiese, i quali subordinano il proprio lavoro agli interessi delle Superstrutture di cui sono Funzionari, essendo una varietà evolutiva del predicatore e dell'oratore e del chierico medievali. Infatti, alle origini del mondo moderno, la figura galileiana dello scienziato-sperimentatore (secondo il quale la verità è sempre rivoluzionaria) è stata sconfitta dalla figura dell'intellettuale-sacerdote. È la tragedia di una civiltà che non è riuscita a diventare compiutamente moderna.

(*Alias*, luglio 2007)

Positivismo

La sottovalutazione dei *Quaderni del carcere* di Gramsci attraverso l'argomento della incompletezza della biblioteca carceraria dello scienziato-filosofo di Ales equivale alla sottovalutazione dell'opera intera di Leopardi attraverso l'argomento della evidenza della gobba del poeta-filosofo di Recanati. Intercorre sempre un rapporto tra un corpo e l'anima che lo abita, certo, ma in che modo determinato si realizzi occorre stabilirlo di volta in volta. Sia chiaro però una volta per tutte che se "le idee non cadono dal cielo" (come giustamente ha scritto Antonio Labriola), esse tantomeno salgono dalla gobba, e la loro qualità non si può dedurre dalla dovizia di libri componenti la biblioteca del loro autore.

Dalla gobba di Leopardi non si deduce un bel niente, né dalla gobba di Antonio Gramsci. Già, anche Gramsci aveva la gobba. Ma siccome non era un poeta-filosofo, bensì uno scienziato-filosofo, i suoi critici laureati non hanno tirato in ballo la sua gobba materiale, bensì la sua gobba spirituale, che consisterebbe appunto nel fatto che Gramsci disponeva in carcere di una biblioteca incompleta, e manchevole dell'essenziale. Lo ripete ancora da ultimo Bartolo Anglani nel suo libro *Solitudine di Gramsci* (Donzelli, 2007): "egli non ha accesso diretto agli oggetti della sua ricerca", pagina 137. Se questo vi pare un esempio minore, sebbene consapevole che tutti gli esempi zoppicano (compreso quello di Edipo) vi porterò un esempio maggiore – costituito da una lettera del politico-filosofo Louis Althusser.

Dovete sapere che trenta anni fa (quando avevo ventinove anni) ho pubblicato un saggio - 'Sulla ricostruzione gramsciana dei concetti di struttura e superstruttura', Rassegna Italiana di Sociologia, 1977, n. 3 - in cui certo mostravo e forse dimostravo che Gramsci in carcere aveva criticato radicalmente la coppia teorica marxiana 'struttura-soprastruttura' ed aveva proposto una coppia teorica nuova e diversa per spiegare il movimento storico delle società umane. Spedito per posta questo saggio a trenta intellettuali italiani (da Asor Rosa a Giuseppe Vacca) ed ad un francese, Louis Althusser appunto (avendo fatto trenta volevo fare trentuno), ho ricevuto in cambio la sola sua risposta.

Ebbene, con mia negativa sorpresa (il positivismo è duro a morire), invece di confrontarsi col pensiero di Gramsci sulla questione, il politico-filosofo di Birmandreis mi aveva obiettato che Gramsci in carcere non s'era potuto basare sui testi marxiani, per "il fatto" che quei testi egli non li aveva in carcere, e conseguentemente aveva discusso il pensiero dello scienziato-filosofo di Treviri "attraverso le interpretazioni che lo deformano", attraverso "le deformazioni del pensiero di Marx prodotte dai suoi interpreti piuttosto che le difficoltà interne del pensiero di Marx".

Gli risposi allora, per proseguire la bella discussione appena iniziata, che Gramsci non solo disponeva in carcere dei testi marxiani in questione, ma li aveva anche tradotti, gli facevo notare poi che la coppia teorica 'struttura-soprastruttura', da Marx in poi e fino ad oggi, ha costituito la base ultima delle scienze storiche e politiche marxiste, e gli domandavo infine in quale misura e in quale modo quella insufficienza teorica di Marx fosse all'origine della 'crisi del marxismo' che tanto lo angustiava in quegli anni. Stavolta nemmeno lui mi rispose, soffocò la moglie comunista, e buonanotte.

(*Alias*, agosto 2007)

§

Amore del potere e Amore della verità

Una giovane docente universitaria mi racconta di aver domandato ai propri studenti se conoscessero Sofocle, e di essersi sentita rispondere in coro: "Sì, certo, è l'inventore del complesso di Edipo." Sorridiamo, lei di testa - deliziosamente scandalizzata - io di cuore. Ieri. Oggi, a mente fredda, sono arrabbiato. Non con quegli studenti, e neppure con i loro professori di liceo. Sono arrabbiato con Freud.

E' lui che ha definito questo famoso complesso, questa "struttura primaria, fondamentale, universale della organizzazione psichica e delle relazioni interpersonali" (Umberto Galimberti, *Dizionario di psicologia*), che spinge l'essere umano a desiderare la morte del genitore dello stesso sesso e la carne del genitore di sesso opposto. E siccome questo 'complesso' Freud ha creduto di riconoscerlo come tema centrale dell'*Edipo*

Tiranno di Sofocle, l'ha denominato appunto 'complesso di Edipo'.

Ma cosí facendo (ecco la ragione fredda dell'arrabbiatura) Freud ha confuso gli esseri umani in generale, e gli intellettuali di professione in particolare. Perché cosí facendo ha velato l'autentico tema centrale dell'opera di Sofocle, il senso iscritto nelle sue strutture e che rende pienamente intelligibile il suo ordinamento drammatico e interamente decifrabile il suo testo. Questo tema non é la tragedia del parricidio e dell'incesto, bensí la tragedia della contraddizione tra amore della conoscenza e amore del potere.

Edipo - vuol dire e dice Sofocle - e in generale gli esseri umani, e in special modo gli intellettuali di professione, vivono la contraddizione tragica tra il voler conquistare (e mantenere) il potere e il voler conquistare (e rinnovare) la conoscenza. Ma questi due voleri, questi due desideri, questi due amori sono radicalmente incompatibili e reciprocamente escludenti: la realizzazione dell'uno comporta la perdita dell'altro.

Il tremendo responso oracolare che improntà tutta la vita di Edipo, minaccia la sua nascita, appende a un filo la sua infanzia, sconvolge la sua giovinezza, distrugge la sua maturitá: "' amerai tua madre e ucciderai tuo padre" significa 'amerai la conoscenza (la terra, la verità - "tua madre") e conquisterai il potere (strappandolo a "tuo padre")'.

Infatti. Edipo tiranno di Tebe ("tiranno", dunque intellettuale di professione = che conquista il potere attraverso la conoscenza) per mantenere il potere vuole conoscere la verità. Vuole potere e vuole conoscere. "A tutti i costi" – proclama. Ma ogni volta che la verità fa capolino Edipo si vela gli occhi e grida al complotto. Dileggia Tiresia ("io credo che quel delitto lo hai ideato e perpetrato tu"), accusa Creonte ("pensavi che non mi sarei accorto di questo tuo complotto strisciante?") – che gli svelano spietatamente lo stato delle cose, e d'altro canto inveisce contro Giocasta ("mi hai seccato da un pezzo con i tuoi buoni consigli") che lo stato delle cose gli vuole amorevolmente velare. La conoscenza distrugge il potere. Il potere teme la conoscenza. Non si può nello stesso tempo amare il potere ed esercitarlo e amare la conoscenza e inseguirla.

E' questa la questione filosofica e politica che Sofocle pone – specialmente agli intellettuali di professione. I loro singolari rapporti con papà e mammà restano, nonostante Freud, "una questione privata".

(*Alias*, marzo 2008)

Giuseppe Vacca e Matteo evangelista

Giuseppe Vacca ha fatto a Gramsci di Ales con questo suo libro – e di Angelo Rossi - *Gramsci tra Mussolini e Togliatti* (Fazi editore, 2007 dopo Cristo) ció che Matteo ha fatto a Gesú di Nazareth col suo Vangelo (80 dopo Cristo)

Matteo, per farsi comprendere e accettare dagli ebrei, ha insistito ideologicamente sugli elementi di continuitá tra Gesú giovane - Gesú ebreo - e Gesú maturo - Gesú fondatore di una nuova religione (storicamente superiore alle 'Religioni del Sacrificio' - compresa per ció la religione ebraica), la 'Religione della Fraternitá'. Ma si é contraddetto, Matteo, e in maniera decisiva, quando ha testimoniato che il leit-motiv di Gesú era "E' scritto... ma io vi dico…" (*Mt, 5, 20-48*). E' scritto nei Libri Sacri, ma io vi dico che bisogna andare oltre i Libri Sacri, oltre la visione intellettuale e morale ebraica. L'esito del Vangelo di Matteo (e prima di Marco, e poi di Luca e di Giovanni) é stato la riduzione tradizionale del disegno riformatore di Gesú: il Gesú dei Vangeli é infatti ancora (per quanto?) Gesú Cristo, il Gesú del Sacrificio.

E Beppe che ha fatto con questo libro? Volendo farsi comprendere e accettare dai marxisti, ha insistito ideologicamente sugli elementi di continuitá tra Gramsci giovane - il Gramsci fondatore del Partito Comunista d'Italia - e il Gramsci maturo - il Gramsci scrittore dei *Quaderni del carcere*, il fondatore della 'scienza della storia e della politica'. Ora, é vero che tra il Gramsci giovane e il Gramsci maturo ci siano elementi di continuità, ma questi elementi sono secondari rispetto agli elementi di rottura del pensiero marxista e della pratica comunista.

La prova di quanto vado dicendo la porta proprio Beppe, onesto intellettualmente e moralmente com'é: nei *Quaderni del carcere* Gramsci realizza "un vero e proprio mutamento di paradigma (...) una rottura epistemologica rispetto alla prima metá degli anni Venti". Lo dice, Beppe, ma non ne trae tutte le conseguenze teoriche e politiche. E cosí, come Matteo riconduce (riduce) Gesú allo Jahwista, Beppe riconduce (riduce) Gramsci a Togliatti, il massimo interprete della continuitá Gramsci giovane – Gramsci maturo.

Il libro inizia per ció, conseguentemente, con una cruciale citazione da Togliatti: "Gramsci fu un teorico della politica, ma soprattutto fu un politico pratico..." Ora, é vero che "In ogni personalitá c'é una attivitá dominante e predominante: é in questa che occorre ricercare il suo pensiero, implicito il piú delle volte e talvolta in contraddizione con quello espresso ex professo." (*Quaderno 11*) Ma quando Togliatti parla di Gramsci come politico pratico opera una proiezione psicologica e una riduzione culturale. Cosí fa Beppe. Cosí fa Matteo. E Gesú maturo? E Gramsci maturo? Aspettano, pazientemente e impazientemente, che la loro riforma intellettuale e morale sia riconosciuta e sviluppata. Ma questo comporta il superamento teorico e pratico del cristianesimo e del marxismo.

(*Alias*, aprile 2008)

§

Il capitalismo è cambiato, ma il marxismo non se n'è accorto

È uscito un libro di storia dei saperi e delle ricerche sociali che getta una nuova luce sul Novecento, e particolarmente sulla crisi dei marxismi e delle sociologie che ne hanno segnato il trentennio finale. Lo ha scritto Orlando Lentini e si intitola *La sinistra americana pensa il mondo* (Franco Angeli 2008).

A cinque anni dalla pubblicazione di *Saperi sociali, ricerca sociale 1500-2000* (Franco Angeli 2003), nel quale ha ricostruito l'intero arco dei saperi e delle ricerche sociali moderne (dall'arte del vivere civile di Machiavelli all'analisi dei sistemi-mondo di Wallerstein), Lentini ricostruisce in una grande narrazione storico-teorica 'le donne, i cavallier, l'arme, gli amori, le cortesie, l'audaci imprese' della sinistra americana nel secolo scorso. I maggiori scienziati storico-sociali del novecento americano, tra i quali giganteggiano Immanuel Wallerstein e Gabriel Kolko, e le loro imprese intellettuali e morali, vengono qui per la prima volta spiegate e illustrate come autori e opere costituenti la nuova realtà virtuale del mondo globalizzato.

Le notevoli acquisizioni della nuova ricerca storiografica di Lentini sono tre. Prima acquisizione: il capitalismo si è rivoluzionato. Agli inizi del Novecento si è realizzata una metamorfosi del 'capitalismo imprenditoriale' – il capitalismo conosciuto da Karl Marx e Max Weber (coautori del paradigma liberal-marxista) - nel 'capitalismo corporato' (come risulta dalle indagini storico-sociali di Adolf A. Berle Jr. e Gardiner C. Means [1932] e di Alfred D. Chandler, Jr. [1977]). Seconda acquisizione: il marxismo non è riuscito a tenere il passo di questa rivoluzione. Il fatto che "la metamorfosi corporata sia stata pensata a lungo con categorie analitiche liberal-marxiste ha rappresentato probabilmente il principale problema di una scienza sociale critica per gran parte del XX secolo." Terza acquisizione: non abbiamo ancora capito perché il marxismo si è rivoluzionato meno del capitalismo. "Rimane da spiegare perché questo processo di trasformazione della struttura economica del mondo sia stato a lungo interpretato e rappresentato con categorie analitiche e visioni, proprie di quella che chiamiamo la geocultura liberal-marxista, espressione della visione imprenditoriale del mondo."

Avanzo di seguito una proposta storico-teorica, nel tentativo di spiegare quel perché, partendo dal punto debole della storia di Lentini: la sottovalutazione del contributo del Gramsci dei *Quaderni* per comprendere e superare il ritardo scientifico e culturale dei marxismi e delle sociologie, la loro "crisi". Un solo esempio: Lentini documenta che Wallerstein "pone in discussione l'unità di analisi 'stato-nazione' " e la figura dello storico e dello scienziato sociale a favore dello "scienziato sociale storico" già a metà degli anni settanta. Ma non comprende in tutte le sue conseguenze Lentini, e prima di lui Wallerstein, che queste acquisizioni metodiche sono una piccola parte delle scoperte del Gramsci dei *Quaderni*, critico dei marxismi e delle sociologie e fondatore della scienza della storia e della politica, una scienza che – quando riconosciuta e sviluppata - servirà come il pane a tutte le sinistre del mondo.

(*Alias*, settembre 2008)

Superbia

Gianfranco Ravasi è uno dei grandi intellettuali cattolici italiani, al contempo teologo di vasta cultura e multiforme comunicatore massmediale. Considerato il progetto intellettuale e morale di questa rubrica è d'uopo occuparsene, ed ecco che rimetto sotto gli occhi il suo libro *Le Porte del Peccato. I sette vizi capitali*, Mondadori 2007, che mi lievitava in mente.

A suo tempo avevo latolineato (fra altre) questa frase: "Il mondo celeste della mitologia greca è un ricalco della vicenda umana."(p. 201), e lo avevo associato al brano d'un libro di uno storico di lunga durata che mi convince e mi commuove: Fernand Braudel, *Memorie del Mediterraneo*, Bompiani 2004: "La filosofia di Anassimandro è la visione di un cosmo che non è più gerarchizzato, in cui niente è completamente sottomesso a niente, un mondo in cui i contrasti si compensano, e richiama vividamente l'universo sociale e politico della polis: non la governano più né gli dei, né i re, ma uomini che vivono nell'uguaglianza dei diritti." (p. 314) E mi ero domandato perché mai Ravasi non estende democraticamente il suo ragionamento alla mitologia cristiana – come ricalco della vicenda umana.

Ora collego (grazie alle risonanze del concetto di 'uguaglianza') quell'appunto al ragionamento di Ravasi - contenuto nel capitolo dedicato all'invidia - nel quale critica Friedrich Nietzsche. Secondo l'autore di *Umano, troppo umano* - riassume Ravasi - "è stato il cristianesimo a generare e fomentare l'invidia attraverso l'affermazione del principio di uguaglianza." (p. 201) Obiezione di Ravasi: "No. Il cristianesimo sollecita la virtù dell'imitazione-emulazione, il gareggiare nella virtù, l'impegno della conversione e il divenire " Mt 5, 48 (p. 202). Ma questo, continuo a pensare, non ha a che fare con l'invidia, bensì con la superbia. L'affermazione di Gesù è 'superba'. Gesù stesso era superbo?

Vado a rileggermi il capitolo dedicato da Ravasi alla superbia, alla ricerca di una critica di Gesù alla superbia, e annoto i brani dei Vangeli nei quali secondo Ravasi questa è manifestata: a) Lc 6, 26: "Guai quando tutti gli uomini diranno bene di voi..." – ma qui è criticata la falsità (che accomuna, mentre la verità divide); b) Lc 10, 17-18: "I settantadue tornarono pieni di gioia dicendo: "Signore, anche i demòni si sottomettono a noi nel tuo nome..." – ma qui è criticata la facile gioia; c) Mt 6, 1: "Guardatevi dal praticare le vostre buone opere davanti agli uomini per essere da loro ammirati..."- ma qui è criticata l'ostentazione; d) Mt 11, 23: "E tu, Cafàrnao [...] fino agli inferi precipiterai!" – ma qui è criticata la resistenza alla conversione; e) Mt 20, 15: " " – ma qui è criticata l'invidia; f) Mt 23, 11-12: "Il più grande tra voi sia vostro servo..." – ma qui è criticata ancora la vanità. No. Ravasi non mi convince e non mi commuove in questo punto cruciale della interpretazione dei detti di Gesù.

Gesù era superbo? Se per 'superbia' si intende 'una ipervalutazione della propria persona e delle proprie capacità, correlata ad un atteggiamento di superiorità verso gli individui considerati inferiori', no. Gesù non si ipervalutava e non considerava nessuno inferiore a sè. Ma se per 'superbia' si intende una alta considerazione di sé al punto di aspirare ad essere "perfetto come perfetto è il Padre celeste", sì.

(*Alias*, novembre 2008)

§

Previsione

Questo libro: *L'anima e il suo destino* di Vito Mancuso (Raffaello Cortina Editore, 2007) è, tra i tanti ditini alzati nel panorama teologico-e-filosofico italiano e mondiale, una mano santa. Primo - perché è un gran libro di storia critica del cristianesimo, delle sue soluzioni inventive e dei suoi problemi irrisolti. Questo teologo-filosofo cattolico ritiene, tanto per cominciare e finalmente, "legittimo condurre una critica alla dottrina della Chiesa anche in quelle sue formulazioni che sono state dichiarate dogmi di fede". Il peccato originale, per esempio: "un'offesa alla creazione, un insulto alla vita, uno sfregio all'innocenza e alla bontà della natura, alla sua origine divina". Secondo poi - perché prova a risolverli seriamente e serenamente, quei problemi, riformando il cristianesimo. Qui, oggi, ne consideriamo due. (Ma torneremo su altri, Dio solo sa quando.)

Primo problema: è riformabile il cristianesimo? Certo. Ma non dalla sua periferia. Chi lo dice? Antonio Gramsci, nei suoi Quaderni, argomentando così: "È da notare che tutte le innovazioni nel seno della Chiesa quando non sono dovute a iniziative del centro, hanno in sé qualcosa di ereticale e finiscono con assumere esplicitamente questo carattere finché il centro reagisce energicamente, scompigliando le forze innovatrici, riassorbendo i tentennanti ed escludendo i refrattari. È notevole che la Chiesa non ha mai avuto molto sviluppato il senso dell'autocritica come funzione centrale; ciò nonostante la tanto vantata sua adesione alle grandi masse dei fedeli." (*Quaderno 6*) Stando così storicamente e teoricamente le cose, Mancuso, che non è tipo da farsi riassorbire ("Bisogna servire sempre la verità.") sarà escluso dalla Chiesa cattolica. Quando e come concretamente non so e non posso sapere: "si può prevedere 'scientificamente' solo la lotta, ma non i momenti concreti di essa, che non possono non essere risultati di forze contrastanti in continuo movimento" (*Quaderno 11*).

Secondo problema: può sbagliare Gesù? Certo. Ma non nel punto in cui Mancuso ritiene, cioè nel suo prevedere imminente la fine del mondo. Ricordate? "...non passerà questa generazione..." *Mt 24, 34* "Quella generazione è passata e la realtà è stata diversa – scrive, e ancora - la realtà è stata ed è diversa, e di questo un cristiano maturo deve prendere atto". Il fatto è che il concetto di previsione di Mancuso non è maturo, è ancora positivistico. Se si comprende e si usa il concetto gramsciano di 'previsione' la mente s'allarga e la musica cambia, e si capisce fino in fondo la 'previsione' di Gesù (e quella di Marx sulla fine imminente del capitalismo, ed altre ancora): "Realmente si 'prevede' nella misura in cui si opera, in cui si applica uno sforzo volontario e quindi si contribuisce concretamente a creare il risultato 'preveduto'. La previsione si rivela quindi non come un atto scientifico di conoscenza, ma come l'espressione astratta dello sforzo che si fa, il modo pratico di creare una volontà collettiva." (*Quaderno 11*)

Comunque sia, Mancuso teologo-filosofo cattolico osa sostenere che la Bibbia "non abbia goduto di un'ispirazione tale da parte dello Spirito santo da essere concepibile come garanzia di ogni parola in essa contenuta". Lo sentite? Non è una mano santa per un cristianesimo in crisi intellettuale e morale in un mondo in crisi organica?

(*Alias*, dicembre 2008)

Sospetto

C'è voluta la fine del comunismo perché Marx fosse liberato dalla camicia di forza ideologica nella quale i marxisti l'hanno costretto per più di cento anni – Marx è morto nel 1883, il comunismo nel 1989.

Quanto ci vorrà per Gesù? Quanto tempo ancora sarà costretto nella camicia di forza ideologica dei cristiani? Tutti i cristiani in quanto cristiani, compresi quelli più simpatici, come Vito Mancuso: *La vita autentica*, Mondadori, 2008.

Questo libro è da leggere, ma fa torto a Gesù. Leggiamo: "La versione della CEI traduce le parole di Gesù in Marco 8, 34 in questo modo: 'Se qualcuno vuol venire dietro di me rinneghi se stesso', mentre sarebbe meglio rendere il verbo greco *aparnéomai* con 'negare' nel senso di 'vincere', 'superare': se qualcuno vuol venire dietro di me, si deve negare, si deve superare. Non si tratta di rinnegare se stessi quasi in odio a se stessi, ma si tratta di superare i propri interessi particolari per realizzarsi veramente nell'adesione a qualcosa di più grande."

Ben detto: "rinnegare se stessi quasi in odio a se stessi" non è farina del sacco di Gesù. È farina del sacco della CEI, e di Agostino d'Ippona, e di Paolo di Tarso.

Ma allora perché Vito afferma che "il sospetto verso se stessi fa parte dell'insegnamento di Gesù"? Secondo me perché sente, comprende, capisce e spiega Gesù attraverso Agostino e Paolo.

Infatti, dopo aver criticato l'esclusiva fedeltà a se stessi (come teorizzata da Martin Heidegger), scrive "Rispetto al proprio sé, la diffidenza è altrettanto indispensabile della fedeltà." E considera in sequenza (1) la "spietata autoanalisi" di Agostino (*Confessioni*), (2) il "severo giudizio sulla propria interiorità" di Paolo (*Lettera ai Romani*), e (3) Gesù: "Il sospetto verso se stessi fa parte dell'insegnamento dello stesso Gesù nella sua polemica contro una religiosità solo esteriore: 'Ciò che esce dall'uomo è quello che rende impuro l'uomo. Dal di dentro, infatti, cioè dal cuore degli uomini, escono i propositi di male." (*Mc 7, 20-21*). 'Dal di dentro', nell'originale *ésothen*, è un avverbio che ricorre altre volte nei Vangeli con il medesimo cupo significato."

Sospetto. Verso di sé. Verso gli altri. Parola appropriata se riferita alla visione dell'uomo propria dei cristiani, di Agostino, di Paolo (e, in varia misura, degli evangelisti). Ma Gesù non era cristiano (come Marx non era marxista). Gesù alla critica e all'autocritica spingeva, non al sospetto. Vito invece sospetta. Di sé, e dei fratelli che pensano la vita e il mondo diversamente da lui: "Io sospetto che il problema di Callicle e Nietzsche sia quello di non stare bene con se stessi e che sia questo malessere interiore a condurli a esprimere la loro instabilità e la loro rabbia in un pensiero destabilizzante e rabbioso." Calma e gesso, Vito. Diamo a Friedrich ciò che è di Friedrich: "Ciò che manca nel cristianesimo è l'astenersi da tutto quello che Gesù ha ordinato di fare." (*Frammenti postumi*) Ed a Gesù ciò che è di Gesù: "Perché mi chiamate: Signore, Signore, e poi non fate ciò che dico?" (*Lc 6, 46*)

(*Alias*, gennaio 2009)

§

Volgarizzazione

Quali parole ha detto, e quali non ha detto, Gesù di Nazareth? La questione, in apparenza, è facilmente risolvibile e, presi in mano i Vangeli canonici, facilmente la risolve Corrado Augias nella prima pagina della Prefazione alla sua (e di Remo Cacitti) ultima fatica libraria: *Inchiesta sul Cristianesimo. Come si costruisce una religione*, Mondadori 2008.

"Gesù non ha mai detto di voler fondare una religione, una Chiesa, che portassero il suo nome" – e questo prova (secondo Augias) che non era cristiano. "Ha invece detto 'Non pensiate che io sia venuto ad abolire la Legge o i profeti; non sono venuto per abolire ma per dare compimento' Mt 5,17 e anche, sul punto ormai di spirare, ripetendo l'attacco straziante del Salmo 22, 'Dio mio, Dio mio, perché mi hai abbandonato?' Mt 27,46" – e questo prova (secondo Augias) che era un ebreo, "e lo è rimasto per sempre".

Ora, se Gesù sia stato fin dall'inizio cristiano o fino alla fine ebreo non è una (semplice) questione filologica, bensì una (complessa) questione scientifica, e filosofica, dal momento che, come ha scritto Gramsci una volta per tutte, "ogni filologia contiene una filosofia" (*Quaderni del carcere*).

Ebbene, la filosofia di Augias polimorfo e polifemo comunicatore di massa (giornali, televisioni, libri) consiste nella teoria-e-pratica secondo la quale diffondere (espandere) = divulgare (volgarizzare), vale a dire che comunicare ad un vasto numero di persone un pensiero rigoroso, un'opera complessa, un autore difficile, comporta necessariamente volgarizzarli – semplificarli fino a renderli superficiali, ridurli fino a renderli digeribili, strapparli all'universo della precisione e interrarli nel mondo del pressappoco.

Detto fatto: Gesù e Giovanni Battista? "Sappiamo che Gesù cominciò come discepolo di un eccentrico profeta di nome Giovanni." La cacciata dei mercanti? "Non c'è dubbio che la cacciata di Gesù dei mercanti dal Tempio in sé e per sé non abbia molto senso."

Ma le cose non stanno così. Quanto a Giovanni Battista, Gesù lo ha incontrato non come suo "discepolo": si è recato da lui per confrontarsi pubblicamente col maggiore profeta del suo tempo nella sua regione, è stato da lui riconosciuto come il solo capace di affrontare in grande stile la crisi intellettuale e morale del tempo loro (come "maestro" e non come "discepolo", dunque) e, a seguito di questo incontro e a conferma del suo esito, alcuni discepoli di Giovanni Battista lo abbandonarono e seguirono Gesù. Quanto alla cacciata di Gesù dei mercanti dal Tempio ha molto senso "in sè e per sè", in quanto critica pratica di una religione fondata sul sacrificio (l'ebraismo) – i mercanti essendo cambiavalute in funzione dell'acquisto degli animali da sacrificare o venditori degli animali stessi.

Ma - potrebbero chiedersi un lettore, una lettrice - è così importante stabilire se Gesù sia stato "discepolo" o "maestro" di Giovanni e il senso "in sé e per sé" della cacciata dei mercanti? Sì, perchè il fatto che Gesù discepolo di Giovanni non lo sia stato prova che non era già più ebreo, e la cacciata dei mercanti dal Tempio prova che non è stato mai cristiano (il cristianesimo essendo una religione del sacrificio.)

(*Alias*, febbraio 2009)

La verità, tutta la verità

Questo libro: *La Russia di mio nonno. L'album familiare degli Schucht* l'Unità – Fondazione Istituto Gramsci, 2008), scritto dal figlio del figlio di Antonio Gramsci – che del nonno conserva il nome -, è colmo di particolari inediti sulla vicenda privata dell'autore dei Quaderni (che ha sposato Giulia Schucht), e sulla "storia di quella parte dell'intelligencija russa di estrazione nobiliare che in nome della Rivoluzione ha rifiutato il proprio ceto di appartenenza". Oggi è di moda sparlare di quel tentativo di cambiare il mondo, mentre bisogna capire meglio perché fallì, e meglio pensare cosa fare oggi.

Da questo punto di vista è illuminante la prefazione, scritta da Giuseppe Vacca, presidente della Fondazione Istituto Gramsci, ricca com'è di precisazioni e verità. Mezze verità, però. E in questo Vacca si conferma più togliattiano che gramsciano: Gramsci diceva che "La verità è sempre rivoluzionaria." Quando è intera, s'intende.

La questione aperta è quella dell'edizione dei Quaderni, questi libri tanto noti quanto sconosciuti. Scrive Vacca che "i criteri dell'edizione dei *Quaderni* curata da Togliatti sono noti: per rendere compatibile la loro pubblicazione con l'ideologia dominante del movimento comunista Togliatti cercò di stemperare il più possibile le implicazioni politiche del pensiero di Gramsci". "Implicazioni politiche". Questa è la mezza verità intorno all'edizione tematica dei *Quaderni*. Per comprendere tutta la verità bisogna aggiungere "implicazioni teoriche". Lo dimostro con un particolare – è noto che il Diavolo si nasconde nei dettagli.

Gramsci ha criticato teoricamente la coppia concettuale 'struttura – sovrastruttura' coniata da Marx. Perché? Perché non spiega "come nasce il movimento storico". Marx dice che la sovrastruttura ideale riflette la struttura materiale, ma così non si capisce da dove vengano fuori le innovazioni storiche, tanto meno come nasca il movimento storico.

E Gramsci? Gramsci dice che le innovazioni e il movimento si capiscono se si sostituisce alla marxiana struttura materiale un altro concetto: le "condizioni reali: materiali e ideali", ed alla marxiana sovrastruttura ideale un altro concetto: le "iniziative razionali". Il rapporto concreto tra le condizioni e le iniziative è costruito concretamente, attivamente, dagli intellettuali, intesi come organizzatori - tutti gli intellettuali: dal generale al soldato capace di dirigersi, dal compositore all'assonante suonatore di triangolo. Ecco.

E Togliatti che c'entra con tutto questo? Un esempio, solo un esempio? Togliatti, nella edizione tematica, per rendere difficile e limitata la comprensione della nota dei *Quaderni* chiave di tutta questa vicenda teorica, la accorpa in coda ad una nota intitolata *Le origini 'nazionali' dello storicismo crociano* e buonanotte.

Questo Togliatti. Poi ci sono i togliattiani. Come Vacca. Ma se vi guardate intorno, e dentro, vedrete che la pratica della doppia verità è molecolarmente diffusa: "L'uomo attivo di massa ha due coscienze teoriche (o una coscienza contraddittoria), una implicita nel suo operare e che realmente lo unisce a tutti i suoi collaboratori nella trasformazione pratica della realtà e una superficialmente esplicita o verbale che ha ereditato dal passato e ha accolto senza critica." (*Quaderni*) La crisi del marxismo ha a che fare con cosucce come questa.

(*Alias*, marzo 2009)

§

Evoluzione

Non è vero che tutto sia già stato scritto, e non rimanga altro che ripetere e manierare. Aspetta "niente di nuovo sotto il Sole" solo chi non sa tenere insieme il prima e il poi (Omero, *Iliade*), dimentico della lezione eraclitea – "il Sole è nuovo ogni giorno" – e della sua vertiginosa variante aristotelica – "il Sole è continuamente nuovo".

È vero invece che le opere e i giorni, in sensi e modi storicamente determinati, tornano (per essere più precisi: evolvono). Ma occorre essere delicati ed essenziali per rendersene e renderne conto: "Trovare la reale identità sotto l'apparente differenziazione e contraddizione, e trovare la sostanziale diversità sotto l'apparente identità è la più delicata, incompresa eppure essenziale dote del critico delle idee e dello storico dello sviluppo storico." (Gramsci, *Quaderni*)

"Non verrà mai scritta – per l'inammissibile vastità delle ricerche che sarebbero necessarie (...) una storia della letteratura definitivamente distante da quelle classiche, nella quale l'unità di misura della riflessione, il denominatore comune dei testi, non sia più l'autore o la lingua, il periodo storico o il genere letterario a cui essi appartengono, ma una storia, una singola storia seguita nel suo mutare attraverso i popoli, i tempi e i libri, attraverso una complicata e maestosa successione di adattamenti e metamorfosi (...) – non verrà mai scritta, ricomponendo e intrecciando tra loro migliaia di queste genealogie narrative, una storia della letteratura che sia la filogenesi di un regno dello spirito sul modello di quelle, sterminate e ancora incompiute, del regno animale e vegetale." Questo dice Simone Barillari cominciando il suo saggio *Una storia vivente* (apparso in 'Panta - Visioni di cinema', a cura di Elisabetta Sgarbi e Francesco Casetti, Bompiani, nell'ottobre 2008), e poi mostra e dimostra, tanto per cominciare, in che modo "la storia della prostituta e della diligenza" abbia assunto la sua prima forma nella novella Palla di sego (Boule de suif, 1880) di Guy de Maupassant, la seconda nel racconto Diligenza per Lordsburg (Stage to Lordsburg, 1937) di Ernest Haycox, e la terza (per ora la "nuova e più alta sopravvivenza di questa narrazione") nel film Ombre Rosse (Stagecoach, 1939) di John Ford.

Questo saggio, futuribile inveramento-espansione-evoluzione della teoria di Darwin, questo straordinario racconto critico e filosofico, si conclude sottolineando che "soltanto un numero estremamente esiguo di tutte le storie che vengono prodotte nel mondo sopravvive alla selezione naturale del tempo e delle menti degli altri uomini, così come le specie di animali e piante che esistono sono una frazione assolutamente insignificante di tutte quelle che sono vissute."

Se le storie stanno così, incessantemente riscritte dalle menti di tutti noi, che naturalmente "ci arroghiamo il diritto di avere le nostre idee personali intorno al racconto che andiamo svolgendo" (Thomas Mann, *La Montagna Incantata*), quale posto preciso occupano, nella catena vitale dei riscrittori, gli scrittori con la maiuscola? Il vertice, nella misura in cui sono capaci di scrivere (con le parole, con le ombre, con tutti i linguaggi possibili e immaginabili) in forme tali che "ogni parte della storia mostri il più alto grado di necessità."

(*Alias*, aprile 2009)

Non è il buono nel molto, ma il molto nel buono

Pier Paolo Pasolini, a un passo dalla fine della sua vita mortale, ha lasciato a futura memoria questa massima anti-populista: "Meglio essere nemici del popolo che nemici della realtà." E questo libro di Alessandro Cavallaro: *Operazione 'armi ai partigiani'. I segreti del Pci e la Repubblica di Caulonia* (Rubbettino 2009) ne offre, facendo un po' di storia, una straziante illustrazione. Grazie. Ne abbiamo bisogno come il pane di libri come questi, oggi, in una Italia irretita dalla demagogia a tutti i costi, dal ridere-ridere-ridere, dal populismo, appunto.

Vi si racconta la breve vicenda della Repubblica Rossa di Caulonia (paese della costa ionica della Calabria) e la lunga vita del suo protagonista, Pasquale Cavallaro (padre di Alessandro). Vengo al suo punto cruciale, per trarne una magistrale lezione storica ("historia magistra vitae" – ha scritto Cicerone). I primi giorni di marzo del 1945 una manifestazione politica stava per trasformarsi in insurrezione popolare. Pasquale Cavallaro, del comune di Caulonia eletto sindaco "a furor di popolo", "s'accorse che la maggior parte dei manifestanti erano armati con i fucili mitragliatori che tra il 1942 e il 1943 gli angloamericani avevano sbarcato tra Roccella e Caulonia e consegnato a lui personalmente, perché li facesse pervenire ai partigiani." Egli dapprima contrastò l'iniziativa domandata a gran voce dalla folla armata, ma poi cedette, mettendosene a capo. Così, quell'uomo ribelle forte e colto che fino a quel momento aveva seguito pazientemente, accortamente, realisticamente la via politica, avviando riforme (ristrutturazione democratica degli uffici e delle attività comunali, redistribuzione delle terre demaniali), intraprese impulsivamente la via militare. Nacquero così il Consiglio della Rivoluzione, il Consiglio del Popolo, il Tribunale del Popolo, il Campo di Concentramento, e si avviò una esperienza comunarda rivelatasi rapidamente "nemica della realtà". Durò infatti meno di una settimana. Morì un bracciante e un parroco, i rivoltosi furono isolati, disarmati, accusati davanti al tribunale di Locri di costituzione di bande armate, estorsione, violenza a privati, usurpazione di pubblico impiego e omicidio.

A me pare che in questo caso si sia ripetuta (historia magistra vitae?) la vicenda di Spartaco, lo schiavo ribelle forte e colto, e dei suoi compagni di rivolta. Infatti Spartaco, negli anni intorno al 70 a. C., liberati una moltitudine di schiavi, sconfisse ripetutamente l'esercito romano, e risalì l'Italia fino alle Alpi, con il disegno di superarle, riportando quegli uomini ormai liberi – traci, celti, germani, galli - alle loro terre d'origine. Ma la folla degli schiavi pretese di restare in Italia e saccheggiarla. Spartaco oscillò, e infine cedette, avendo così "torto in tanti".

"Meglio aver torto in tanti che ragione da soli", ha scritto Rosa Luxemburg. No, grazie. Preferisco Pasolini. Preferisco sempre la ragione. Preferisco sempre la realtà. Preferisco sempre la verità. "La verità è sempre rivoluzionaria." La ragione, la realtà, la verità, sono sempre rivoluzionarie, non la rivoluzione.

(*Alias*, maggio 2009)

§

Sofferenza

Non conosco una buona giustificazione teologica, filosofica, etica, della sofferenza degli esseri viventi sul pianeta Terra. Ma non dispero. Perciò ho ringraziato di testa e di cuore don Mario De Santis parroco di Monterocchetta e di San Marco ai Monti e Rettore della Basilica di san Bartolomeo Apostolo di Benevento - un uomo illuminato da un misericordioso sorriso e coronato da una nuvola di zucchero filato/capelli bianchi - mentre mi regalava qualche giorno fa il libro che aveva appena finito di leggere: Paolo De Benedetti, *Teologia degli animali*, Morcelliana 2007. (Paolo De Benedetti è docente di Giudaismo e Antico Testamento nelle università di Milano, Urbino e Trento.)

Ed ho cominciato a leccarmi i baffi ben presto leggendolo a mia volta: a metà della sua seconda pagina l'autore (colloquiando con Gabriella Caramore – curatrice del libro) dichiara di aver passato la vita "anche e soprattutto a meditare su quell'enorme problema, che non esiterei a definire come il più grande che la teologia ha da affrontare, che è la sofferenza degli animali". Il problema della sofferenza degli animali umani – per restare nei dintorni della cultura madre e padre di De Benedetti – il giudaismo ed il cristianesimo hanno creduto di risolverlo con l'ideazione del peccato originale di Eva e

Adamo. Ma gli animali non umani, in tutta la Bibbia, risultano innocenti – e allora?

Allora niente. Giunto alla fine del libro – sempre senza mai disperare, nonostante che "l'enorme problema" fosse continuamente evocato e mai risolto – ho dovuto ammettere che la montagna delle buone intenzioni aveva ancora una volta partorito il topolino delle imperscrutabili punizioni, ed ero rimasto a bocca asciutta.

Insomma, questo nuovo, documentato, appassionato e appassionante allargamento della teologia e della cultura giudaica e cristiana, non è riuscito – per ammissione del suo stesso autore – a giustificare, cioè a rendere giusta, la sofferenza degli animali non umani. Gli animali soffrono, e muoiono, e gli ebrei ed i cristiani non sanno capire e spiegare perché.

Tuttavia il libro vale la gioia di essere letto, pieno com'è di acute riflessioni, toccanti testimonianze, sacrosante retrocessioni dell'essere umano da Signore della Terra a creatura fra le creature – e di poetiche lamentazioni in forma di amorevoli e amabili racconti – come questo Qinà, che in ebraico significa appunto 'lamentazione' (e che sintetizzo per ovvie ragioni di spazio):

"È morta la buonissima gatta. (...) È andata a morire in luogo occulto, la gatta che non usciva e amava la solitudine dei vecchi, il silenzio e le zucche cotte. (...) Una fetta della mia vita sento ch'è passata ora che la gatta non c'è più a tenere insieme gli anni come il filo di una collana. (...) Ogni uomo in qualche cosa ha peccato e si è reso meno grato; ma un animale non può mai essere indegno dei nostri sentimenti. Spero che nei sogni mi verrà ancora sulle ginocchia, perché i sogni sono oltre l'Acheronte (...) Verrà certo, perché tra gli animali non si troverà bene, lei così poco animale: sognerò un cuscino, perché vi si possa accomodare e una foglia di rabarbaro per l'ombra."

(*Alias*, giugno 2009)

Democrazia

L'uomo è la misura di tutte le cose, vabbene, ma le giurie sono la misura di tutte le opere? Corrisponde alla effettiva consistenza delle opere d'arte in gioco il premio dato dalla giuria del Nobel per la Letteratura 1959 a Salvatore Quasimodo e negato a Giuseppe Ungaretti? E che dire dell'Oscar 1945 per la miglior regia assegnato a Leo McCarey con *Going My Way* e non a Billy Wilder con *Double Indemnity*?

Su questo rifletto leggendo l'introduzione ad una raccolta di opere sofoclee –*Edipo re, Edipo a Colono, Antigone*, Einaudi 2009 – tradotte da Vico Faggi e curate da Simone Beta, che a pagina V, perplesso, scrive: "Il numero delle vittorie ottenute da Sofocle è molto alto: ...ventiquattro... molto superiori alle tredici di Eschilo, per non parlare delle vittorie euripidee, che furono solo quattro."

Chiunque abbia letto le superstiti sette (su 120 scritte) tragedie di Sofocle, le sette (su novanta) di Eschilo, le diciannove (su novantadue) di Euripide – converrà che i rapporti di qualità tra Sofocle, Eschilo ed Euripide non corrispondono alla serie numerica 24, 13, 4 – e che questi autori, grosso modo, si equivalgono. E allora? Perché le giurie democratiche falliscono spesso e volentieri nel campo estetico?

Il lettore cinico penserà che questo discende dal loro essere da sempre composte ed attive non in vista della maiuscola Bellezza, ma del minuscolo interesse (di parte, di clientela, di famiglia). E sorriderà, confermato nel proprio disperato pensiero, leggendo quanto scrive Beta a pagina X: "La tragedia più celebre di Sofocle è *Edipo re*, rappresentato intorno al 425 – senza successo, però: la giuria assegnò il primo premio a Filocle, un poeta mediocre il cui maggior titolo di merito era l'essere nipote di Eschilo."

Ma questa, caro cinico lettore, è soltanto la parte minore dell'insipienza dei giudizi democratici sulle opere d'arte. (Parte minore di certo ingrossata e ingrassata nell'Italia degli ultimi anni, segnati dalla "corruzione della repubblica".) La parte maggiore, il fatto decisivo è che il sistema democratico non è il miglior modo di giudicare nelle questioni un po' difficili, per risolvere le quali meglio funziona il sistema aristocratico - come bene ha scritto Descartes nel *Discorso sul metodo*: "...per la scoperta di verità un po' difficili la maggioranza dei consensi vale poco o nulla, perché è più facile che le scopra un uomo solo che non tutto un popolo..."

Una prova pertinente? Le belle tragedie superstiti dei tre grandi tragici greci sono state salvate e tramandate soprattutto grazie al giudizio critico di Aristotele. Pensate quali tragedie di Sofocle ed Eschilo ed Euripide avrebbe selezionato una giuria democratica, per non parlare dei salvataggi che avrebbe operato delle opere di quei tragediografi posteriori che Aristofane definì nelle *Rane* (per bocca di Dioniso dio del teatro): "vigne piene di pampini secchi". Faccio notare che aristocrazia, Aristotele e Aristofane condividono la radice etimologica àristos, che vuol dire il più idoneo.

(*Alias*, novembre 2009)

§

Uomo

Quale posto occupa l'uomo nella natura? Vediamo.

Sulla Terra vivono 1,5 milioni di specie animali. Il *phylum* più rappresentativo è quello degli artropodi, che conta 1 milione di specie, di cui 750.000 appartenenti alla classe degli insetti. Una del milione-e-mezzo di specie animali è l'homo sapiens, un mammifero euterio (una delle 5.000 specie di mammiferi attualmente esistenti) appartenente alla famiglia degli ominidi, comprendente numerosi generi estinti e sette diverse specie viventi di grandi scimmie antropomorfe.

La Terra da parte sua si è rivelata nell'Età Moderna non il centro del cosmo bensì uno degli otto pianeti che costituiscono il sistema solare con i rispettivi satelliti, cinque pianeti nani e miliardi di corpi minori.

Il maiuscolo Sole poi è una dei 100 milioni di stelle di classe spettrale G2 componenti la Via Lattea: una stella di medie dimensioni, e precisamente una nana gialla, che si trova a

50.000 anni luce dal centro di questa galassia, in un ramo periferico chiamato 'braccio di Orione'. (Cinquantamila anni luce. Tenere bene in mente che la luce in 1 secondo gira 8 volte intorno alla Terra.)

La Via Lattea, a sua volta, è una dei 100 miliardi di galassie (ellittiche, a spirali, irregolari) presenti nell'universo - il cui raggio è di 13,7 miliardi di anni luce.

Dunque, il posto che l'uomo occupa nella natura è quello di "parte della natura che descrive" (Ilya Prigogine). Ma quale rapporto intrattiene consapevolmente questa – piccola - parte con il – grande - tutto? Non ci crederete, ma è il rapporto del dominatore, del misuratore, del primattore. L'uomo sta alla periferia della periferia dell'universo, come finalmente ha dimostrato "la più sublime scienza, l'astronomia" (Giacomo Leopardi). Fa la storia, "ma non sa che storia fa" (Karl Marx). Eppure insiste, contro ogni evidenza, a immaginarsi al centro del centro: da qui la sopravvivenza dell'antropocentrismo religioso (l'uomo "dominatore sui pesci del mare e sugli uccelli del cielo e su ogni essere vivente") e dell'antropocentrismo filosofico (l'uomo "misura di tutte le cose"). Da qui la crescita ipertrofica dell'antropocentrismo audiovisivo.

Gli schermi dei cinema, delle televisioni, dei computer, dei cellulari sono ossessivamente invasi e presidiati da facce, faccette, occhietti e boccucce di esseri umani che "si sparano le pose" (Anonimo italiano). Non c'è zapping che tenga. Il cinema, la televisione, e i loro telematici nipotini, tutti nati come finestre sulla realtà, sulla natura, sul piccolo e temibile mondo di dentro e sul grande e terribile mondo di fuori, sono progressivamente ricondotti e ridotti a finestre sul cortile. E senza la regia di Alfred Hitchcock.

La regia è passata nelle mani di Nanni Moretti, che sta sempre in mezzo all'inquadratura "come un mercoledì" (Popolano romano). Vogliamo dirla con Mario Monicelli – a Moretti e al resto della audiovisiva compagnia? "Lèvati di mezzo e fammi vedere il paesaggio."

(*Alias*, dicembre 2009)

Un Gesù di seconda mano.

C'è voluta la fine del comunismo perché Marx fosse liberato dalla camicia di forza ideologica nella quale i marxisti l'hanno costretto per più di cento anni – Marx è morto nel 1883, il comunismo nel 1989.

Quanto ci vorrà per Gesù? Quanto tempo ancora sarà costretto nella camicia di forza ideologica dei cristiani? Tutti i cristiani in quanto cristiani, compresi quelli più simpatici, come Vito Mancuso: *La vita autentica*, Mondadori, 2008.

Questo libro è da leggere, ma fa torto a Gesù (come torto gli faceva il precedente: *L'anima e il suo destino*). Leggiamo: "La versione della CEI traduce le parole di Gesù in *Marco 8, 34* in questo modo: 'Se qualcuno vuol venire dietro di me rinneghi se stesso', mentre sarebbe meglio rendere il verbo greco *aparnéomai* con 'negare' nel senso di 'vincere', 'superare': se qualcuno vuol venire dietro di me, si deve negare, si deve superare. Non si tratta di rinnegare se stessi quasi in odio a se stessi, ma si tratta di superare i propri interessi particolari per realizzarsi veramente nell'adesione a qualcosa di più grande."

Ben detto: "rinnegare se stessi quasi in odio a se stessi" non è farina del sacco di Gesù. È farina del sacco della CEI, e di Agostino di Ippona, e di Paolo di Tarso.

Ma allora perché Vito afferma che "il sospetto verso se stessi fa parte dell'insegnamento di Gesù"? Secondo me perché sente, comprende, capisce e spiega Gesù attraverso Agostino e Paolo.

Infatti, dopo aver criticato l'esclusiva fedeltà a se stessi (come teorizzata da Martin Heidegger), scrive "Rispetto al proprio sé, la diffidenza è altrettanto indispensabile della fedeltà." E considera in sequenza (1) la "spietata autoanalisi" di Agostino (*Confessioni*), (2) il "severo giudizio sulla propria interiorità" di Paolo (*Lettera ai Romani*), e (3) Gesù: "Il sospetto verso se stessi fa parte dell'insegnamento dello stesso Gesù nella sua polemica contro una religiosità solo esteriore: 'Ciò che esce dall'uomo è quello che rende impuro l'uomo. Dal di dentro, infatti, cioè dal cuore degli uomini, escono i propositi di male." (*Marco 7, 20-21*). 'Dal di dentro', nell'originale *ésothen*, è un avverbio

53

che ricorre altre volte nei Vangeli con il medesimo cupo significato."

Sospetto. Verso di sé. Verso gli altri. Parola appropriata se riferita alla visione dell'uomo propria dei cristiani, di Agostino, di Paolo (e, in varia misura, degli evangelisti). Ma Gesù non era cristiano (come Marx non era marxista). Gesù alla critica e all'autocritica spingeva, non al sospetto. Vito invece sospetta. Di sé, e dei fratelli che pensano la vita e il mondo diversamente da lui: "Io sospetto che il problema di Callicle e Nietzsche sia quello di non stare bene con se stessi e che sia questo malessere interiore a condurli a esprimere la loro instabilità e la loro rabbia in un pensiero destabilizzante e rabbioso."

Calma e gesso, Vito. Diamo a Friedrich ciò che è di Friedrich: "Ciò che manca nel cristianesimo è l'astenersi da tutto quello che Gesù ha ordinato di fare." (*Frammenti postumi*) Ed a Gesù ciò che è di Gesù: "Perché mi chiamate: Signore, Signore – dice Gesù -, e poi non fate ciò che dico?" (*Lc 6, 46*)

(*Alias*, gennaio 2010)

§

Agli atei non manca niente

Nell'omelia del 6 gennaio 2010, Joseph Ratzinger papa della Chiesa Cattolica con il nuovo nome Benedetto XVI, ha osservato (1): "i credenti in Gesù Cristo sembrano essere sempre pochi"; si è domandato (2): " qual è la ragione per cui alcuni vedono e trovano e altri no? Che cosa apre gli occhi e il cuore? Che cosa manca a coloro che restano indifferenti, a coloro che indicano la strada ma non si muovono?"; si è risposto (3): "la troppa sicurezza in se stessi, la pretesa di conoscere perfettamente la realtà, la presunzione di avere già formulato un giudizio definitivo sulle cose rendono chiusi ed insensibili i loro cuori alla novità di Dio."

A mio modo di pensare, Ratzinger ha in parte ragione e in parte torto:

1… su questo punto ha ragione: sono pochi i credenti cristiani, e molti meno dei due miliardi che si dichiarano tali – per ipocrisia o conformismo nei confronti degli altri e persino di se stessi;

2… su questo punto ha torto: gli atei, gli agnostici, gli areligiosi, non hanno gli occhi e i cuori chiusi, non "mancano" di qualcosa di essenziale, non indicano agli altri un percorso e loro invece restano fermi sulla strada della vita e della morte – no. Quanto alla credenza in Gesù il Cristo: non è un "dono" del quale essi sono disgraziatamente privi, è una possibilità tra altre possibilità, tutte egualmente degne di essere colte entusiasticamente e vissute allegramente;

3… su questo punto ha torto: i non cristiani non sono necessariamente "troppo" sicuri, e non tutti fra loro "pretendono" di conoscere "perfettamente" la realtà, né "presumono" di avere già formulato un giudizio "definitivo" sulle cose del mondo. Ce ne sono di questo genere, lo so, ma... "Chi è senza peccato scagli la prima pietra contro di loro." (Gv 8,7)

Le virtù proprie del laico – insegnava Norberto Bobbio - sono il rigore critico, il dubbio metodico, la moderazione, il rispetto delle idee altrui. Prova all'incontrario: sono proprio i peccatori lanciatori di pietre, sono i cristiani alla Ratzinger, ad essere troppo sicuri, e pretensiosi, e presuntuosi. Alla Ratzinger ed alla Savonarola. Che c'entra Girolamo Savonarola? Che c'entra il riformatore sconfitto con il controriformatore trionfante? Che c'entra il frate scomunicato, processato, torturato, lapidato, impiccato e arso a 46 anni col sacerdote che a 82 anni è vescovo di Roma, primate d'Italia, capo del collegio episcopale e sovrano dello Stato del vaticano? C'entra, ed è il problema dei religiosi nel loro insieme.

Rendo testimonianza. La stessa sera dell'Epifania di quest'anno ho scelto di non vedere la televisione, di non sentire la radio, niente DVD, niente Internet eccetera: ho scelto di leggere un libro. L'ho aperto e mi sono trovato di fronte ad una predica di Girolamo Savonarola, quella tenuta il 6 novembre 1494, nella quale il domenicano afferma: "E filosofi cercorno solo col lume naturale le cose che loro andarono meditando; al vero cristiano appartiene cercare di empiersi del lume sopranaturale, e della grazia di Dio." (Traduzione: I filosofi antichi cercarono soltanto con la ragione la verità; ma la ragione umana è imperfetta se non è illuminata dalla rivelazione e dalla grazia.)

(*Alias*, febbraio 2010)

§

Ridere di chi?

Bartali o Coppi? Coppi. Bernini o Borromini? Borromini. E soprattutto: Chaplin o Keaton? Keaton. Perché preferisco il comico dalla faccia seria al comico dalla faccia buffa?

Buster Keaton non rideva mai nei suoi film, eppure faceva e fa ridere i suoi spettatori. Noi. Ma di chi ridiamo quando ridiamo di Keaton?

Luis Buñuel, quando era un giovane critico, era il 1927, vide un suo film e scrisse: "Keaton non è un comico che vuol farci ridere a squarciagola. Ma neanche per un attimo smettiamo di sorridere, non di lui, ma di noi stessi". Noi stessi. Ridiamo di noi stessi quando ridiamo di Keaton.

Keaton ci fa ridere nella misura in cui ci identifichiamo in lui noi persone normali che cercano di capire e agire, in un mondo sempre nuovo e nel corso di una vita sempre difficile. Non riusciamo pienamente, a capire ed agire, e ridiamo del mondo, e di noi.

Come ci è arrivato, Keaton, a quella sua faccia seria? (Seria, non inespressiva. Imperterrita, non impietrita.)

Ci è arrivato intuitivamente. Ha riconosciuto poi la sua invenzione attraverso gli spettatori, come rivela nella sua ottima autobiografia:"Gli spettatori mi insegnarono una cosa legata al mio lavoro, che non sapevo. A Roscoe [l'enorme attore-autore col quale collaborava agli esordi della sua attività] arrivarono delle lettere in cui si chiedeva perché l'omino dei suoi film non sorrideva mai. Non ce ne eravamo accorti. Guardammo due-tre rulli che avevamo fatto insieme e constatammo che era vero. Quindi alla fine del successivo film provai a sorridere. Al pubblico dell'anteprima non piacque e ci furono dei fischi. Dopodiché non ho mai più sorriso sullo schermo, in palcoscenico o alla TV." (*Memorie a rotta di collo*, Feltrinelli 1995)

Facciamo un altro passo comprensivo. Il personaggio Keaton è radicalmente diverso dal personaggio Chaplin – l'altro grande autore del cinema comico muto a lui comparabile per grandezza di ispirazione e risultati. Ma cosa esattamente li distingueva? "Sono rimasto sempre stupito quando la gente diceva che i personaggi che io e Charlie Chaplin interpretavamo nei film avevano dei punti in comune. Per me c'era, fin dall'inizio, una differenza di base: il vagabondo di Chaplin era un fannullone. Tanto carino com'era, avrebbe rubato se ne avesse avuto la possibilità. Il mio personaggio era un onesto lavoratore." (*Memorie a rotta di collo*)

Ed ecco dispiegato e spiegato anche perché Chaplin è generalmente ritenuto maggior creatore di Keaton, e "fa più ridere" di lui. Chaplin ci fa ridere degli altri, dei più deboli, i più indifesi, più goffi di noi. Keaton ci fa ridere di noi. È più facile, è più rassicurante, ridere degli altri che di noi. È più impegnativo, più difficile ridere di noi stessi che lottiamo, senza piangere e senza ridere, soverchiati e sballottati ma decisi a insistere, a resistere. Come gli eroi di Kafka. Buster Keaton come l'agrimensore K., il commesso viaggiatore Gregor Samsa, lo studente Karl Rossmann, l'impiegato Josef K. Franz Kafka leggeva ai suoi amici i suoi manoscritti: "Risa sfrenate durante la lettura del Processo. L'autore non può andare avanti. Un ridere per motivi superiori." (Thomas Mann, 1941)

(*Alias*, marzo 2010)

Angeli?

Secondo i religiosi sono proiezioni, messaggeri di esseri divini. Secondo Caravaggio e Rembrandt sono proiezioni, messaggeri di esseri umani. La penso come i pittori.

Calma. Facciamo un passo indietro e studiamo gli angeli delle religioni del Libro. Giorgio Agamben (introducendo *Angeli. Ebraismo Cristianesimo Islam*, Neri Pozza editore, 2009), fa propria la linea conoscitiva Rousseau-Kafka-Schmitt-Foucault, e sostiene che gli angeli sono la burocrazia celeste – "i funzionari alati che eseguono sulla terra i decreti 'storici' della provvidenza".

Concordo – questo sono gli angeli in quelle tradizioni. Dopodiché Agamben ("per sorprendere i benpensanti") afferma: "La provvidenza, con i suoi angeli-burocrati, è il paradigma non del potere assoluto, ma di quello democratico." Qui discordo, considerando gli esiti di una linea conoscitiva che Agamben ignora, quella Hegel-Marx-Weber-Gramsci, secondo la quale la burocrazia organizza tanto il potere assoluto quanto il potere democratico nel governo del mondo umano. "È certo che ogni forma sociale e statale ha avuto un suo problema dei funzionari, un suo modo di impostarlo e risolverlo, un suo sistema di selezione, un suo tipo di funzionario da educare." (Gramsci, *Quaderni*) Laddove la provvidenza divina, il governo divino del mondo, a ben pensare, è sempre il paradigma del potere assoluto.

Veniamo alla terza linea conoscitiva intorno all'angelologia e la burocrazia, la linea Rembrandt – Caravaggio, la quale mostra che gli angeli sono una proiezione. Umana, non divina. Un grido dal basso, non un ordine dall'alto.

Apriamo l'*Antico Testamento*. Abramo stava per scannare il figlio Isacco secondo l'ordine ricevuto da Dio («Prendi tuo figlio Isacco, il tuo unico figlio che ami, e offrilo in olocausto.») , quando intervenne "un angelo" che "lo chiamò dal cielo" e gli disse: «Non stendere la mano contro il ragazzo e non fargli alcun male!" Chi è in verità questo "angelo", di chi è messaggero? - si è chiesto Rembrandt dipingendo il *Sacrificio di Isacco* nel 1635. Ecco l'angelo – una rappresentazione speculare di Isacco! Infatti di Isacco non vediamo il volto le mani il petto le spalle le gambe – e dell'Angelo vediamo proprio il volto, le mani, il petto, le spalle, le gambe. Un padre sta per scannare suo figlio, blocca la sua mano un giovane che somiglia come una goccia d'acqua a suo figlio: ha il volto suo, le mani sue, il petto suo, le spalle sue, le gambe sue. È dunque la proiezione, con il linguaggio della pittura è la rappresentazione speculare, del figlio. È Isacco stesso che ha fermato col suo grido la mano di Abramo. È il figlio che ha fermato e disarmato il padre, contraddicendo Dio.

Questa intuizione, questa verità – l'angelo è una proiezione umana, non una manifestazione divina – è la chiave di lettura anche del *Sacrificio di Isacco* dipinto da Caravaggio nel 1603. Il modello che posò per la figura di Isacco fu Cecco Boneri, garzone di Caravaggio. E il modello per la figura dell'Angelo? Recenti analisi riflettografiche hanno mostrato e dimostrato che Caravaggio usò lo stesso Cecco come modello per l'Angelo.

In somma: la 'provvidenza' è burocratica e assoluta, e gli angeli, se abbiamo fiato in corpo, siamo noi.

(*Alias*, aprile 2010)

§

Conformismo

Due primavere fa, in un giorno di buonumore (1 marzo 2008) ho lanciato un fulmine su Sigmund Freud costruttore del complesso di Edipo. Il fondatore della psicoanalisi ha sostenuto che quanto accadde miticamente al personaggio sofocleo accade fantasmaticamente ad ogni bambino: uccidere il padre e amoreggiare con la madre. Macché. Il senso iscritto nelle strutture di *Edipo Tiranno*, il senso che rende pienamente intelligibile il suo ordinamento drammatico e interamente decifrabile il suo testo, è la contraddizione, la contrapposizione, l'inconciliabilità tra l'amore della conoscenza e l'amore del potere.

Dice Sofocle: gli esseri umani, e in special modo gli intellettuali di professione (Edipo è un intellettuale di professione, un 'tiranno') vivono la contraddizione tragica tra il voler conquistare (e mantenere) il potere e il voler conquistare (e rinnovare) la conoscenza. Ma questi due voleri, questi due desideri, questi due amori sono radicalmente incompatibili e reciprocamente escludenti: la realizzazione dell'uno comporta la perdita dell'altro. Il responso oracolare che improntata tutta la vita di Edipo, minaccia la sua nascita, appende a un filo la sua infanzia, turba la sua giovinezza, compromette la sua maturità: " amerai tua madre e ucciderai tuo padre" significa "amerai la conoscenza (la terra, la verità – 'tua madre') e conquisterai il potere (strappandolo a 'tuo padre')".

Oggi, sempre di buonumore e sempre riflessivo sui tiranni passati presenti futuri, vorrei prendere di mira Károly Kerényi, grande studioso critico della mitologia greca, reo di aver definito conformisticamente Edipo "disgraziato" (*Gli dei e gli eroi della Grecia*, Garzanti). Disgraziato? Macché. Vittorioso.

Intanto non doveva nascere, ed è nato. Doveva restare nel mondo dei desideri ed è comparso. Suo padre Laio rapitore di Crisippo era condannato a non avere figli... Secondo poi non doveva vivere, ed è vissuto. Laio decide di esporlo, farlo uccidere – niente. Anche la madre ci prova, assecondando il padre, niente di niente.

Sopravvissuto a padre e madre, diventa figlio amato del re e della regina di Corinto, e conduce vita principesca. Fino a che, spinto dalla diceria d'essere bastardo, interroga i genitori adottivi, i quali negano di essere adottivi, ma Edipo va sempre fino in fondo, va dall'oracolo, scopre che diventerà assassino del padre e amante della madre, evita per ciò di tornare a Corinto, devia il suo cammino, incontra nello stretto passo fatale il padre, è provocato, lo uccide, procede verso Tebe, incontra la Sfinge, risolve l'enigma, - vittoria! , sposa la regina di Tebe – vittoria! -, comincia la nuova vita di re di Tebe, una vita regale – vittoria! – ha quattro figli – quattro vittorie!

Dopo diversi anni di sua grande e bella e comoda vita ecco la peste, a Tebe. Edipo affronta la questione e vince di nuovo, scopre chi è l'assassino. Edipo "eroe della scoperta metodica che muove da un principio e segue un percorso" [Mario Vegetti]. Un intellettuale vittorioso dall'inizio alla fine.

D'accordo: diventa cieco, lascia la città di Tebe, va ramingo – ma ricordate anche la conclusione della sua vita nell'*Edipo a Colono*? Un'apoteosi. Diventa infatti un eroe eponimo.

(*Alias*, maggio 2010)

§

'Ndrangheta

Nicola Gratteri ha ragione – lo Stato italiano non vuole estirpare la 'ndrangheta – ed ha torto – la 'ndrangheta non è una malapianta (*La malapianta*, Mondadori 2009).

Cos'è allora? A pagina 134 il grande magistrato italiano dice che "gli Stati non sono attrezzati per combattere un fenomeno transnazionale come quello delle mafie". Ha ragione: gli Stati non sono attrezzati militarmente e legislativamente. Ed ha torto: se anche lo fossero ciò non basterebbe, a estirpare le mafie. Perché gli Stati non sono attrezzati intellettualmente e moralmente a tale impresa di civiltà. Perché gli Stati nazionali, queste forme storicamente e geograficamente determinate di organizzazione generale delle società umane moderne, sono in crisi organica. E tra i segni di questa crisi storica e strutturale, organica insomma, spiccano il deperimento dei partiti politici – ridotti a organizzazioni di potere - e l'espansione delle mafie – che diventano "braccio armato" di settori statali [Pietro Grasso, Procuratore Nazionale Antimafia] e "tendono a sovrapporsi alle organizzazioni terroristiche" (132).

Gli Stati nazionali sono nati, in Europa, dalla crisi organica della civiltà medioevale, nel quindicesimo secolo, si sono via via sviluppati e diffusi nel mondo intero, e nel ventesimo secolo sono a loro volta entrati in crisi organica – alla quale crisi si stanno dando, in Italia ma non solo, soluzioni regressive.

Certo, fra tutti gli Stati nazionali, l'Italia spicca per mancanza di iniziativa culturale e volontà politica : "più che la patria del diritto siamo diventati quella del rovescio" (150) e in molti commissariati e caserme "manca il gas per la cucina e il riscaldamento" (91).

Certissimo, occorre agire, in Italia, e nel mondo, per capovolgere questa tendenza irrazionale: più denaro, più mezzi, più rispetto, a tutti coloro che lottano contro la criminalità organizzata. Come esemplarmente fa questo Nicola Gratteri, che da ragazzo ogni estate imparava un mestiere, "il calzolaio con mastro Felice, ma anche il meccanico, il panettiere e il manovale" (139) e da grande è diventato il nemico numero 1 della 'ndrangheta studiando storia e scienza, arte e letteratura, Tönnies e Horkheimer, Brecht e Sciascia, Cordova e Tuccio, Chaplin e Ionesco, Padula e Misasi, Verga e Alvaro, Kelsen e Friedman.

Ma per estirpare la 'ndrangheta, che non è più (com'era fino a mezzo secolo fa) una mala-pianta bensì ormai un organo vitale della pianta-Stato, non bastano mezzi e uomini e riforme del codice penale e degli ordinamenti penitenziario e giudiziario. Questo servirebbe "a potare solo i rami" (179), non a estirpare le sue radici. Occorre decidersi a costruire teoricamente e praticamente una nuova superiore civiltà umana (http://pasqualemisuraca.com/sito/index.php/scienza/152-la-traversata.html)

Per attrezzare intellettualmente e moralmente la civiltà degli Stati nazionali ci sono voluti il Rinascimento e la Riforma, le scienze della politica, dell'economia, del diritto, delle idee, l'Illuminismo e la Rivoluzione francese, i partiti politici e lo Stato rappresentativo-burocratico. Oggi "i convegni e le chiacchiere hanno preso il sopravvento" (152).

(*Alias*, giugno 2010)

§

Eccesso d'amore

Riflettendo sugli amori che muoiono per eccesso d'amore, forse ho trovato il bandolo del mito di Ciparisso e il Cervo.

Entra in campo per primo l'amato, il Cervo. "Sacro alle ninfe che abitano i campi di Cartea, vi era un gigantesco cervo; con le corna ampiamente ramificate, esso da sé porgeva folta ombra alla sua testa. D'oro splendevano le corna e al ben tornito collo stavano appesi, scendendo sulle spalle, monili ornati di gemme. Gli balzava sulla fronte, legata da catenelle, una borchia d'argento, dal tempo della nascita; da ambe le orecchie, intorno alle tempie incavate, fulgevano perle. Senza paura esso era solito visitare volentieri le case e porgere per le carezze il collo a mani sconosciute." (Ovidio, *Metamorfosi*)

Entra ora in campo Ciparisso, l'amante. "Ma più che ad altri, esso era caro a te, o bellissimo tra gli abitanti di Ceo. Tu conducevi il cervo a pascoli intatti, allo specchio di fonti limpide; tu, a volte, fra le sue corna intrecciavi fiori infiniti; a volte, standogli sul dorso a guisa di cavaliere, lieto vagavi per ogni dove, frenando la sua arrendevole bocca con guinzagli di porpora." (O, *Metamorfosi*)

Col trascorrere della felicità dei giorni e delle notti cresce l'affezione d'amore, che inebria e trascina e scuote l'amante nel vortice d'una insostenibile eccitazione, d'una insopportabile esaltazione. Finché un giorno - afferma la tradizione - l'amante uccide involontariamente l'amato. "Involontariamente" ripete – certificando la tradizione – Károly Kerényi, autore del gran libro di mitologia greca "destinato agli adulti" Gli dèi e gli eroi della Grecia. "Involontariamente, scambiandolo per un cervo qualunque." Ma può – io che scrivo mi domando e domando a te che leggi - l'amante scambiare l'amato con qualunque? E come poteva Ciparisso confondere con altri il suo Cervo dalle corna d'oro, la borchia d'argento, i monili ornati di gemme, le perle fulgenti?

Ovidio da parte sua non accoglie e non rifiuta la tradizione, dice solo, a mezza bocca, cautamente e prudentemente, che l'amante è stato avventato e imprudente: *puer imprudens*. Parla per esperienza diretta d'amante imprudente, e coglie nel segno: possiamo sopravvivere al difetto d'amore, non sopportiamo l'eccesso d'amore.

Quel giorno, nell'ora meridiana, esausto di cavalcate infinite, il Cervo si era adagiato all'ombra di un albero, a godersi la frescura. Ciparisso, poco discosto, alle sue spalle, stringeva in pugno l'affilato giavellotto. Non riusciva a staccare gli occhi dal collo del

Cervo, tremava tutto per la vertiginosa agitazione d'amore, finché sbarrando le pupille e prima che la vista lo annebbiasse nello spasimo, l'amante scagliò il giavellotto e trafisse l'amato. "E quando lo vide morire per la profonda ferita, decise di lasciarsi morire. E' tutto un gemito e questo invoca, come supremo dono, dagli dèi: piangere in ogni tempo. E ormai, effuso il suo sangue in un profluvio di lacrime, le membra cominciano a prendere color verde; i capelli, che prima scendevano dalla candida fronte si mutano in irta chioma e, fattisi rigidi, contemplano, con l'affusolata cima, il cielo gremito di stelle." (O, *Metamorfosi*)

Ciparisso si trasforma così nell'albero triste sempreverde, il Cipresso.

(*Alias*, luglio 2010)

§

Apologia dei blog e dei social network

Perché tutti si confessano con tutti, sui blog e sui social network? Per amore della verità, dice Maurizio Ferraris. Per amore della deità, aggiungerei io.

Il filosofo-giornalista torinese ha scritto recentemente sulla rivista 'Wired': "A un certo punto delle *Confessioni* Agostino si pone una domanda semplice e cruciale: 'Perché mi confesso a Dio, che sa tutto?' Ed ha una risposta bellissima: si confessa per fare la verità non solo nel suo cuore, ma anche con la penna, e di fronte a molti testimoni. Come se la verità non esistesse se non viene esposta e scritta, messa in piazza o almeno su una piazza virtuale. È questa la ragione profonda di tutte le confessioni sul web che ingorgano i social network e i blog? A mio parere, sì."

Se le cose stanno così, i fedeli che si confessano ai sacerdoti e gli autori che si confessano ai lettori di blog e gli amici agli amici di Facebook, lo fanno, sulle orme di Agostino, "per fare la verità". Ciò che li muove è il desiderio di verità. Idea magnanima, questa di Ferraris, e tanto interessante quanto nobilmente controcorrente. La condivido in buona misura. Senza per ciò attribuire ad Agostino il pensiero (secondo Ferraris) implicito 'la verità non esiste se non viene detta e scritta'. Anche perché il filosofo-telogo ipponense, ne *La vera religione*, esplicitamente ha scritto: "Non uscire fuori, rientra in te stesso: nell'uomo interiore abita la verità." Piuttosto, pensando "la verità", metterei l'accento filologico e filosofico sul "fare" la verità. La verità non solo come scoperta ma anche come costruzione.

Veniamo ora alla ragione profonda delle confessioni di tutti con tutti sui blog e sui social network secondo me. Per amore di deità, dicevo, e mi dispiego: per regalarsi reciprocamente un'esperienza propriamente divina nel nostro mondo secolarizzato e disincantato dalla morte degli dèi. Mondo moderno in cui gli immortali più non giocano, non guerreggiano, non parlano con noi mortali - come invece amavano fare nel mondo antico: "Detto cosí, se ne andò Atena occhio azzurro, / simile a un'aquila: e tutti, a vederla, prese stupore." (*Odissea*, Libro Terzo, 371-2)

Se le cose stanno così, confessandosi nei blog e nei social network gli umani moderni restaurano e recuperano l'esperienza della deità, fanno l'uno dell'altro, per il tempo della comunicazione, come diceva e faceva Hitchcock, "divinità in grado di vedere ogni cosa". (Alfred Hitchcoch, *Io confesso. Conversazioni sul cinema allo stato puro* - a cura di S. Gottlieb, Minimum Fax 2008.)

Lo fanno emulando l'antico Sofocle, il quale nell'*Edipo Re*, partendo da un mito condiviso, offre agli spettatori della tragedia più di quanto essi ricavino dai protagonisti dell'opera. Ma anche, appunto, emulando il moderno Hitchcock, il quale nel *Delitto perfetto* parimenti regala agli spettatori le informazioni cruciali illuminanti in anticipo sui protagonisti del film. Insomma, confessandoci nei blog e nei social network, magnanimamente produciamo gli uni negli altri quella conoscenza trasparente e immediata di cui sono capaci, o per meglio dire erano capaci al tempo del "mare colore del vino", gli dèi.

(*Alias*, ottobre 2010)

Fede

"Gesù non ride mai nei Vangeli" – mi dice, nel corso d'una cena amicale, Noemi Paolini, inquieta credente e finissima letterata, con un trattino d'angoscia sulla fronte e un punto interrogativo nelle pupille. Sa che ho pubblicato da poco un libro su Gesù (*Il progetto di Gesù*, ilmiolibro.it, giugno 2010), scritto con Luis Razeto amico dell'anima – e mi saggia, mi assaggia. Gesù di Nazaret non è Gesù il Cristo - le sussurro, rinviandola alla lettura del libro: la sua figura reale, storica, non coincide con la figura letteraria, mitologica, creata dagli evangelisti.

La mattina dopo mi trovo alla Feltrinelli Argentina di Roma, scopro il nuovo libro di Gianfranco Ravasi (*Questioni di fede. 150 risposte ai perché di chi crede e di chi non crede*, Mondadori, settembre 2010), lo apro e leggo il paragrafo *Gesù ha mai riso?* del capitolo *Le domande 'cristiane'*.

Leggo con attenzione: Ravasi è il Grande Comunicatore di Massa del cattolicesimo italiano. "Se ci attestiamo sul verbo rigoroso del ridere, in greco *ghelái*, dobbiamo riconoscere che esso non ha mai come soggetto Gesù. Tuttavia – prosegue l'arcivescovo cattolico biblista e teologo, e presidente del Pontificio Consiglio della Cultura - si devono fare due osservazioni rilevanti. La prima riguarda i Vangeli che, come è noto, non sono biografie complete e compiute della figura storica di Gesù di Nazaret, ma sono solo dei profili, illuminati dalla luce della fede. Che manchi qualche tratto della fisionomia umana di Cristo non significa automaticamente che esso non sia stato presente durante la sua esistenza terrena. Seconda considerazione. Come si suol dire nel linguaggio 'tecnico', un orizzonte semantico può essere coperto da più termini che ne descrivono le varie sfumature. Il ridere fa parte, ed è segnale, dell'orizzonte più vasto della gioia, il cui molteplice significato può essere espresso con più vocaboli."

Corretto, penso, ma perché, nei Vangeli, Gesù più volte piange e mai ride? Perché gli evangelisti non hanno testimoniato anche il suo riso?

Vediamo. Partiamo proprio da Ravasi. Egli dice che i Vangeli non sono biografie complete della figura storica di Gesù di Nazaret, ma profili *illuminati dalla luce della fede*. E' forse la luce della fede cristiana che cancella il riso di Gesù?

Secondo me così è. Gesù aveva il progetto di fondare la religione della fraternità – della fraternità dell'uomo con Dio, dell'uomo con l'uomo, dell'uomo con se stesso. I cristiani, a cominciare dai suoi discepoli, continuando con gli apostoli, gli evangelisti e via via fino a noi, gli hanno attribuito il progetto di una ennesima religione del sacrificio – sacrificio dell'uomo a se stesso, dell'uomo all'uomo, dell'uomo a Dio.

Di ciò si rende conto Gesù stesso mentre muore, e ritenendo inutile gridare ai fratelli che lo sacrificano (la morte è nel non poter più essere compresi) grida a Dio la propria solitudine: "Eloì, Eloì, lemà sabachtàni"- Dio mio, Dio mio, perché mi hai abbandonato?

Il cristianesimo è il risultato di una triste sovraimpressione: il pianto di Cristo cancella il riso di Gesù: "Molti altri segni fece Gesù – testimonia Giovanni evangelista (20, 30-31) - ma non sono stati scritti. Questi sono stati scritti perché crediate che Gesù è il Cristo".

(*Alias*, novembre 2010)

§

Suicidio

Questi padri e queste madri che uccidono i figli prima di suicidarsi mi mandano ai pazzi. Sia chiaro: trovo niente di male nel suicidio degli adulti, quando le difficoltà eccedono. Trovo invece tutto il male nell'uccisione dei giovani e adolescenti e ragazzi e bambini e neonati.

Facciamo tre passi indietro, prima di fare un salto in avanti.

Primo passo. Sono a favore del *testamento biologico*, del documento scritto per garantire il rispetto della propria volontà in materia di trattamento medico anche quando non si è più in grado di comunicarla al resto del mondo.

Secondo passo. Sono a favore della *desistenza terapeutica*, ovvero della interruzione delle terapie ostinate oltre un limite ragionevole e misericordioso: secondo scienza del medico e coscienza del paziente.

Terzo passo. Sono a favore dell'*eutanasia*, e cioè del procurare intenzionalmente, da parte di un adulto autonomo e responsabile, e nell'interesse di un individuo la morte di questo individuo la cui qualità della vita sia permanentemente compromessa da un dolore eccessivo.

E conseguentemente condivido quanto dicono Roberta Monticelli: "nessun essere umano è più competente degli altri in materia morale. Se crediamo questo, niente può fare paura, neppure l'eutanasia: ciascuno è l'ultimo soggetto delle decisioni che lo riguardano", e Vito Mancuso: "ogni essere umano adulto responsabile ha il diritto di poter dire l'ultima parola sulla propria vita", nel libro *Che cosa vuol dire morire* (a cura di Daniela Monti), Einaudi 2010.

Se pensiamo bene, niente può fare paura. Neppure il suicidio. È venuto il momento di fare, con il fraterno lettore laico, e i due filosofi cristiani, il salto in avanti, verso il suicidio (degli adulti, quando le difficoltà eccedono – *repetita iuvant*). Un salto oltre il cristianesimo.

Il suicidio infatti è condannato dal cristianesimo come atto immorale: "contraddice la naturale inclinazione dell'essere umano a conservare e perpetrare la propria vita", recita il *Catechismo della Chiesa Cattolica*; "al tempo stesso è un'offesa all'amore del prossimo perché spezza ingiustamente i legami di solidarietà con la società familiare, nazionale ed umana, nei confronti delle quali abbiamo degli obblighi".

Certo, nel Vangelo di Matteo si va già oltre la Regola Aurea: "Non fare agli altri quello che non vorresti fosse fatto a te" diventa "Fai agli altri quello che vorresti fosse fatto a te". Nel *non fare agli altri quello che non vorresti fatto a te* il principio è il *non nuocere*, nel *fare agli altri quello che vorresti fosse fatto a te* il principio è *l'aiutare chi soffre*. Ma. Bisogna arrivare a "fare a te quello che vorresti fosse fatto a te".

Nella vita c'è qualcosa di bello, quando le difficoltà non eccedono - ha scritto Aristotele. Quando eccedono, se sei un adulto autonomo e consapevole, se hai fatto ciò che dovevi e potevi, se non hai paura di morire, buonanotte.

Se mi date retta, accanto ai tristi suicidi dei gravemente depressi e degli psicotici estremi, un bel giorno avremo gli allegri suicidi degli adulti veramente autonomi e autenticamente rispettosi - di se stessi e degli altri.

(*Alias*, dicembre 2010)

§

Piccolo è brutto

I grandi intellettuali sono deformati, mutilati, incompresi dai piccoli intellettuali. Naturalmente - come si può comprendere qualcosa di più grande?

Prendiamo Pier Paolo Pasolini. Lo rimpiangono, gli intellettuali italiani, da 35 anni. Ah, il suo coraggio! Ah, la sua lungimiranza! Ah, come aveva capito tutto! Tutto cosa? Cosa hanno capito di ciò che aveva capito Pasolini, gli intellettuali italiani?

Prendiamo Lucia Visca. Nel 1975 era praticante giornalista per *Paese Sera*, oggi dirige le testate elettroniche Atlante, Technet, Geopolitica. Allora fu la prima giornalista a giungere all'Idroscalo di Ostia la mattina del 2 novembre 1975, a osservare i resti dell'uomo morto quella notte e scambiato dalla prima testimone per un "mucchio di stracci". Capito presto chi era l'ammazzato, capito dopo un po' (attraverso la sequela dei processi) dove e quando e come, restava da capire da chi e perché era stato ammazzato. Pensa che ti ripensa, ora ci ha scritto sopra un libro: *Pier Paolo Pasolini – una morte violenta*, Castelvecchi, ottobre 2010.

Con quale risultato? "Le ipotesi si sono ridotte a tre: (1) Pasolini fu vittima di un *complotto* ordito da Eugenio Cefis, servizi segreti italiani e CIA a vantaggio della copertura di segreti indicibili sull'ENI; (2) la sua morte fu decisa da elementi di spicco della neonata Banda della Magliana, in complicità con ambienti *neofascisti*, o (3) da vecchi arnesi della *malavita* di Casalbruciato intenzionati a punire un corruttore di ragazzini."

"Raccontare quello che ho visto, ne sono capace" – scrive la Visca. È vero. Da pagina 23 a 78 il libro "è fresco e va giù bene" - è un sapido racconto di ciò che ha visto dalle 7 del 2 novembre alle 8.35 del 3 novembre. "Ma il retroscena chi mi insegna a cercarlo?"

Chi? Bastava rivolgersi a Pasolini stesso. Basta 'comprendere' Pasolini. Il quale negli ultimi anni della sua vita e di lavoro ha scritto che era in corso "una nuova grande rivoluzione passiva", il cui centro motore era il "Nuovo Potere Reale" e gli effetti concreti "una grande mutazione antropologica". E che in Italia, ma non solo, vivevano e vagavano "giovani infelici", immersi in un "vuoto culturale", che potevano uccidere e uccidevano un essere umano come si uccide un gatto: "senza mandanti e senza scopo".

Ma gli intellettuali italiani, da Moravia a Visca, da Piero Melati a Giovanni De Luna sull'ultimo Venerdì di Repubblica e chi più ne ha più ne metta, non comprendendo le sue analisi, hanno inquadrato la sua morte in uno scenario di "complotti", di "neofascisti", di "malavitosi".

Fino alla fine Pasolini aveva detto (vedi intervista a Furio Colombo a poche ore dalla morte): "*Soprattutto il complotto ci fa delirare. Ci libera da tutto il peso di confrontarci da soli con la verità. Che bello se mentre siamo qui a parlare qualcuno in cantina sta facendo i piani per farci fuori.*" Niente da fare.

Pasolini grande intellettuale 35 anni fa parlava di una "crisi epocale" che non riguardava solo l'Italia. Ma i piccoli intellettuali italiani non ci hanno creduto e non ci credono. Si toccano e pensano: è solo una bufera, è solo un temporale: "chi sta bene e chi sta male, e chi sta come gli par".

(*Alias*, gennaio 2011)

Poesia

In Italia – nonostante le mafie - fioriscono ancora i limoni, e gli *essays*. I migliori, in solitudine – stante il declino delle sue università.

E così mi era sfuggito questo libro sorprendente di Laura Sturma, *La parola che nomina gli dèi*, Il Nuovo Melangolo, 2007. Finché un amico onomaturgo me l'ha indicato e – generosità chiama generosità – desidero condividerne festosamente la scoperta.

Saggi sulla poesia e il mito recita il sottotitolo del libro, che l'uno e l'altra illumina tessendo i risultati dei cento autori cruciali attraverso un contributo originale – come testimonia l'autore più amato fra i cento, Stefano Agosti, nella fulminante Prefazione.

"Opposto al lógos (...) il nome proprio costituisce il modello di un diverso linguaggio: il linguaggio del mito e della poesia." (p. 13) "Alla intuizione degli studiosi è mancata una analisi ed una interpretazione più approfondita di quell'elemento difficile e problematico del linguaggio che è il nome proprio. Alla luce di una nuova analisi apparirà invece che tutte le forme del nome proprio appartengono intimamente al linguaggio mitico cosicché il nome divino non ne costituisce solo il primo elemento ma ne organizza tutta la struttura profonda." (36) "Il linguaggio del mito (...) ricostituisce l'unità fra le cose, rese viventi e divine, e la vita più profonda dell'anima umana." (49) "Il mito e la poesia spontaneamente si toccano nella modulazione di un nome proprio." (66) "Accomuna il mito e la poesia (...) una continuità di linguaggio e di forme . Per questa continuità, mentre al mito si riconosce la natura di un linguaggio specifico, la poesia riceve un valore nascostamente religioso". (97) "L'età moderna non oppone alle religioni rivelate solamente il suo razionalismo o il suo laicismo, perché quello che viene dal primo Romanticismo e si estende poi a tutta la letteratura moderna è una vera e nascosta religiosità, non istituzionale, non codificata. Di questa religiosità la critica vede in genere gli aspetti irrazionalistici, oscuri, regressivi, mistico decadenti, ma questi aspetti hanno sempre un senso ultimo e comune: è la ricerca di un al di là o di un infinito non fuori dal mondo, ma nel mondo, nelle cose e nella vita." (100) "L'aldilà è qui." (103) "L'aldilà è ora." (105) Questa "ricerca di un al di là, di un infinito, di un invisibile, che non è posto oltre il mondo, ma che appartiene al mondo e alla vita (...) non è regressiva, ma è sovversiva" (117) dal momento che "il cristianesimo, la religione, la morale, la metafisica e tutti i principi essenziali del pensiero occidentale si fondano sempre sul pensiero della trascendenza". (119)

A Laura Sturma rivolgo le domande che ho fatto a me stesso leggendola – ospiterò la sua risposta in questa rubrica: *La mitologia arcaica si biforca da un lato nella mitologia olimpica e dall'altro nella poesia antica? "L'irripetuta unità dell'uomo e della natura con il sacro e con il divino" propria della mitologia arcaica perduta, si ricostituisce, si ricompone, da quando perduta, nella poesia antica-moderna-contemporanea in quanto arte che realizza "la ripetizione dell'evento mitico in un presente con il carattere della festa"?*

(*Alias*, febbraio 2011)

§

Sacrificio

Roberto Rossellini era considerato dai cineasti della Nouvelle Vague il nume ispiratore del loro movimento. Conscio del fatto che "la glorificazione da parte dei discepoli" era "ancora più pericolosa dell'incomprensione del mondo del danaro" (*Quasi un'autobiografia*, Mondadori 1987) un bel giorno, intervistato sull'uso religioso della macchina a mano, perse la pazienza e disse: "È una malattia." Chiaro: Rossellini non appartiene alla Nouvelle Vague, bensì al cinema.

E Gesù, appartiene ai cristiani? Chiaro che no: appartiene, come la pioggia, a tutti. Ma allora, perché i laici lasciano Gesù nelle mani dei religiosi?

Ecco che Joseph Ratzinger pubblica un secondo libro su *Gesù di Nazaret*, sottotitolo *Dall'ingresso in Gerusalemme fino alla risurrezione* (Libreria Editrice Vaticana, 2011), come fosse roba sua e i laici se ne lavano le mani. Il papa cattolico, per fare politica, si occupa di Gesù rileggendo filologicamente i Vangeli, e i papi laici, sempre per fare politica, si occupano di Berlusconi rileggendo filologicamente le intercettazioni delle Olgiettine.

Secondo Ratzinger il progetto di Gesù era di fondare una nuova religione del sacrificio, secondo me no: vedi il *Vangelo laico secondo Feliciano*.

Di Gesù si sa poco, e molto di quel poco si trova nei Vangeli, libri scritti con l'intenzione dichiarata di mostrare e dimostrare che Gesù di Nazaret è Gesù il Cristo, fondatore del cristianesimo, una nuova religione del sacrificio.

Ma i Vangeli raccontano atti di Gesù che contraddicono radicalmente il suo presunto progetto cristiano.

Prendiamo la cacciata dei mercanti dal Tempio. Uno dei papi laici italiani, Corrado Augias, nella trasmissione televisiva 'Le Storie', ha di nuovo sottolineato (lo aveva già fatto nel libro, di Remo Cacitti e suo, *Inchiesta sul Cristianesimo. Come si costruisce una religione*, Mondadori 2008) l'insensatezza dell'atto di Gesù: cacciando dal Tempio i mercanti egli ha impedito di fatto la realizzazione dei sacrifici.

E i cristiani? I cristiani, Ratzinger in testa, spiegano l'atto come un atto morale: Gesù è scandalizzato dalla contiguità dei mercanti al Tempio. Come se Gesù fosse un moralista, un piccolo moralista, e non il fondatore di una nuova etica.

Ora, la spiegazione cristiana come atto moralistico è meschina.

E la spiegazione laica – un momento di insensatezza – è vile: Augias avrebbe potuto e dovuto fare un altro passo nella direzione del suo stesso ragionamento, e riconoscere che la cacciata di Gesù dei mercanti dal Tempio è un gesto ben calcolato e molto sensato, in quanto memorabile critica pratica di una religione fondata sul sacrificio: l'ebraismo - i mercanti essendo cambiavalute in funzione dell'acquisto degli animali da sacrificare o venditori degli animali stessi.

Se le cose stanno così, se il progetto di Gesù non era fondare una nuova religione del sacrificio, non era il cristianesimo, se Gesù di Nazaret e Gesù il Cristo sono due figure culturalmente distinte e storicamente non sovrapponibili, i laici degni di questo nome possono tornare ad occuparsi di Gesù.

(*Alias*, aprile 2011)

Chiesa

Che diavolo succede nella Chiesa cattolica italiana? Grosso modo, ciò che accade nella Società politica italiana: timide riforme, sfacciate controriforme, divisione, declino.

Raffaele Abbattista mi racconta la cresima della figlia in San Marcellino e Pietro a Roma (la chiesa della statua della Madonna fatta a pezzi dai Black Bloc sabato 15 ottobre 2011). Ha letto da poco *Il progetto di Gesù*, il libro che ho scritto con Luis Razeto, ed è rimasto estasiato dal vescovo - che di Gesù ha dato un'immagine umanissima, apparentemente vicina a quella colta nel nostro libro.

Il parroco di San Marcellino e Pietro, ricordato con veemenza l'atto sacrilego, ha rivelato che lascerà la statua rotta, perché un giorno quei ragazzi possano rivederla e pentirsene. "È uno che bacchetta."

Il vescovo ha parlato, invece, di misericordia, di partecipazione, di festa, di gioia. Affetto dal morbo di Parkinson, gli tremavano le mani, ma nel momento rituale cruciale compiva un gesto fermo e sorridente. "È uno che abbraccia."

"Mi pare si chiami Brandolini" aveva concluso Raffaele. Ascoltato il suo racconto, tornato a casa, navigo su Wikipedia e leggo: Luca Brandolini di Montecompatri, nato nel 1933, "nel 2007 criticò il motu proprio *Summorum Pontificum* di papa Benedetto XVI". Cerco e trovo un articolo di Sandro Magister: "16 luglio 2007. (...) Tra i liturgisti, il più accorato nel contestare il motu proprio papale è stato Luca Brandolini, vescovo di Sora, Aquino e Pontecorvo e membro della commissione liturgica della conferenza episcopale italiana, in un'intervista al quotidiano *la Repubblica*: "Non riesco a trattenere le lacrime, sto vivendo il momento più triste della mia vita di vescovo e di uomo. È un giorno di lutto non solo per me, ma per i tanti che hanno vissuto e lavorato per il Concilio Vaticano II. È stata cancellata una riforma."

Il parroco e il papa da una parte, il vescovo e Raffaele dall'altra. E Gesù?

Gesù ne ha per gli uni e per gli altri, e nel nostro libro parla ai 'discepoli' (agli amici) così: "Noi siamo un movimento itinerante, che non ha un posto fisso, che non s'arrocca su una montagna dalla quale guardare il mondo dall'alto in basso. (...) E in quanto all'identità, questa non si costruisce attorno a un centro, a una istituzione, ma si distende e articola come una rete nella quale ogni partecipante è un centro, ogni piccolo gruppo è un nodo. (…) Vi state immaginando la comunità nostra come esemplata sull'Impero, o improntata su un esercito, uno Stato, un partito, una mafia, con delle strutture burocratiche e gerarchiche. Strutture di potere che tendono a conformare le persone a un ordine costituito. Di questo ordine vi auto-eleggete capi e, per assicurarvi che nessuno metta in discussione l'organizzazione, ne sacralizzate le strutture e le procedure. Ma come? Invece di costruire qualcosa che ci avvicini tutti un po' di più al nostro Padre celeste, una religione della conoscenza, della fraternità e della libertà, nella quale fioriscano e crescano donne e uomini creativi, autonomi e solidali, vi inventate una religione di credenze, di norme e di rituali che produce adepti, docili e praticanti?"

(*Alias*, novembre 2011)

Complessità

Questo è il sesto anno della mia collaborazione ad Alias con la rubrica del primo sabato di ogni mese. Lo dedicherò agli autori che secondo me hanno meglio sentito-compreso-capito la crisi che stiamo vivendo. Cominciamo con Kafka.

Nato nell'anno in cui è morto Marx, era il 1883, se n'è andato a 41 anni, dopo aver scritto poco e pubblicato meno. In quel meno, il racconto *In loggione*.

Tutti i personaggi di tutte le opere di Kafka sono fatti della stessa materia di cui sono fatti i nostri vicini di casa, i nostri lontani di casa, tu e io, qui e ora.

Vabbene, starai pensando, ma su questa 'materia' si sono rotti la testa generazioni di critici, ognuno la pensa a modo suo e ancora oggi se ne discute.

Già: per alcuni Kafka è "eroe di un'etica laica", per altri "il precursore spirituale della controrivoluzione", altri lo vogliono "testimone della morte di Dio", e senti questa: "la carica profetica dell'angoscia kafkiana nasce dalla riduzione alla sua nuda struttura di una esperienza storica determinata: l'esperienza della disumanità del capitalismo, della condizione operaia nella fabbrica capitalistica" (Lucio Lombardo Radice, *Gli accusati*, De Donato 1972).

Ha ragione Lucio. Lo mostra l'inizio del *Loggione*: "Se un'acrobata a cavallo, fragile, tisica venisse spinta per mesi interi senza interruzione in giro nel maneggio sopra un cavallo vacillante dinanzi a un pubblico instancabile da un direttore di circo spietato sempre colla frusta in mano..."

Ha torto Lucio. Lo mostra, seguitando, il racconto: "...Ma non è così: una bella dama bianca e rossa entra lieve dal velario che due orgogliosi servitori in livrea sollevano per lei; il direttore, cercando ossequioso i suoi occhi, le sospira incontro con devozione bestiale, la solleva cauto sul cavallo pomellato, come se fosse la sua nipote preferita che parte per un viaggio pericoloso..."

Cosa vuol dire? Vuol dire che Kafka è, nello-stesso-tempo, il poeta di un "mondo finito" (la civiltà liberale-borghese) e il poeta di un "mondo disgregatore" (le società burocratiche di massa), dell'enigma e del disincanto, dell'uomo-massa "condannato non solo senza colpa ma anche senza cognizione" e dell'intellettuale-creativo "che ha poco suolo sotto i piedi".

Insomma Kafka è il poeta della complessità. Ecco perché l'opera sua non solo sopporta, ma fomenta tante singole interpretazioni. Spingendoci delicatamente a costruire interpretazioni sempre più comprensive, quindi sempre più creative, di questa vita, di questa crisi. Invece noi la semplifichiamo, questa crisi, incastellandoci a ogni passo nelle ideologie della vecchia civiltà moderna (il liberismo, il marxismo, la social-democrazia, il cristianesimo sociale), come fragili spettatori di galleria.

Come termina difatti *In loggione*? Mentre lei, acrobata e dama, una e bina, "correndo alta sulle punte dei piedi entro un nembo di polvere, a braccia aperte e arrovesciando la piccola testa, vorrebbe far partecipe tutto il circo della sua felicità, lo spettatore di galleria appoggia il viso al parapetto e, sprofondando nella marcia di chiusura come in un triste sogno, piange di un pianto inconsapevole."

(*Alias*, gennaio 2012)

§

Buster Keaton

I dodici autori che hanno meglio rappresentato la crisi che stiamo vivendo. Ecco il mio programma Alias per il 2012. Gennaio è stato il mese di Franz Kafka. Febbraio sarà il mese di Buster Keaton.

Kafka coglie gli esordi della crisi in Europa, Keaton in America. Così come per i personaggi protagonisti dei libri di Kafka, anche per Keaton personaggio protagonista dei propri film vale il motto goethiano "l'uomo vive fintanto che si protende": Josef K. e

Buster K. sono sempre attivi di fronte alle difficoltà, sempre coraggiosi di fronte ai problemi - fino alla fine, fino a che non gli girano il coltello due volte nel cuore - due guardie in borghese o una donna.

Kafka, abbiamo visto, ci dice che la crisi è complessa – ridurla a uno dei suoi elementi comporta non comprenderla. E Keaton?

Nato nel 1895, l'anno in cui i Fratelli Lumière organizzano la prima proiezione cinematografica pubblica, l'attore-regista nordamericano ci dice che la crisi non riguarda alcuni e non altri, questa classe sì e quella no, quel paese no e questo sì. La crisi riguarda tutti, riguarda anche noi, è una 'crisi di civiltà'. (Gramsci, nei Quaderni è stato il primo ad analizzare scientificamente questa crisi come crisi di civiltà – lui la chiamava 'crisi organica'.)

Keaton-Buster dice questo costruendo il personaggio 'uno come noi', per farci ridere di noi stessi, molto diversamente da Chaplin-Charlot, che costruisce il personaggio 'uno diverso da noi', per farci ridere degli altri. "Sono rimasto sempre stupito quando la gente diceva che i personaggi che io e Charlie Chaplin interpretavamo nei film avevano dei punti in comune. Per me c'era, fin dall'inizio, una differenza di base: il vagabondo di Chaplin era un fannullone. Tanto carino com'era, avrebbe rubato se ne avesse avuto la possibilità. Il mio personaggio era un onesto lavoratore." (Buster Keaton, Memorie a rotta di collo, Feltrinelli 1995)

Oltre a ciò, per rendere compiuta la costruzione del personaggio 'uno come noi', Keaton non piange e non ride, come fa invece Charlot - il volto di Buster è una maschera. Una maschera che ciascuno di noi può indossare, mentre viviamo questa crisi - lunga ormai un secolo.

Keaton, a questa scoperta-invenzione è giunto, come alla maggior parte degli artisti accade, intuitivamente. L'ha ri-conosciuta poi attraverso l'ascolto degli spettatori. Prendiamo la sua faccia-maschera: "Gli spettatori mi insegnarono una cosa legata al mio lavoro, che non sapevo. A Roscoe [Arbuckle, un attore col quale collaborava agli esordi] arrivarono delle lettere in cui si chiedeva perché l'omino dei suoi film – il mio personaggio - non sorrideva mai. Non ce ne eravamo accorti. Guardammo due-tre rulli che avevamo fatto insieme e constatammo che era vero. Alla fine del successivo film provai a sorridere. Al pubblico dell'anteprima non piacque e ci furono dei fischi. Dopodiché non ho mai più sorriso sullo schermo." (come sopra, dall'autobiografia)

Evidentemente quegli spettatori sentivano in qualche modo la crisi come crisi di civiltà. E tu contemporaneo mio lettore, come vivi questa crisi? Pensi che riguardi solo gli altri? Aspetti che passi come un raffreddore?

(*Alias*, febbraio 2012)

§

Crisi organica

Tra il 1929 e il 1935, scrivendo i *Quaderni del carcere*, Gramsci mostra e dimostra che la civiltà moderna è entrata in "crisi organica" agli inizi del Novecento.

Crisi "organica" vuol dire – estremamente semplificando: 1. di lunga durata, 2. di carattere mondiale, 3. che riguarda tutti gli Stati, 4. che è economica-sociale-politica-culturale, 5. che nasce dalla rottura degli automatismi economici-sociali-politici-culturali dati e dall'emergenza di nuovi modi di sentire-comprendere-capire-agire, che però non arrivano a espandersi fino a sostituire i precedenti.

Ecco perché Gramsci è attuale oggi: perché ha analizzato lo stato nascente di questa crisi. La crisi finanziaria dei subprime, scoppiata alla fine del 2006 negli Stati Uniti, dunque, non è l'inizio della crisi che stiamo vivendo, bensì l'inizio della fase terminale della 'crisi organica'.

La prima guerra mondiale è "la prima risposta" alla crisi organica. Un primo tentativo, da parte delle classi dirigenti, di massificare e standardizzare le classi dirette – che iniziavano a sviluppare pericolosamente la loro creatività, autonomia, solidarietà.

Sulla scia della prima guerra mondiale, si elaborano, teoricamente e praticamente, tre grandi risposte regionali alla crisi organica mondiale. Il fascismo, lo stalinismo, l'americanismo. Tre risposte che non risolvono la crisi, solo la prolungano, e sfumano una dopo l'altra. Sconfitta del fascismo, crollo sovietico, declino americano.

Gramsci scrive i *Quaderni* quando queste risposte sono in costruzione, e fa una critica scientifica delle loro basi economiche, sociali, politiche, culturali – incentrata nella critica del marxismo e della sociologia, architravi teoriche delle tre risposte.

Gramsci oltre il marxismo? Sì, Gramsci, con i *Quaderni*, supera il marxismo dei marxisti e di Marx stesso – e lo sa: "Perché gli Epigoni dovrebbero essere inferiori ai progenitori? Nella tragedia greca, gli 'Epigoni' realmente portano a compimento l'impresa che i 'Sette a Tebe' non erano riusciti a compiere." *Quaderno 8* – 1931-32.

A partire da questa doppia critica Gramsci fonda una nuova scienza, la "scienza della storia e della politica", e individua alcuni elementi fondamentali per una concatenazione di teorie scientifiche: la teoria della crisi organica prima fra queste.

Per risolvere questa crisi occorre sviluppare una nuova scienza. Le vecchie scienze economiche-sociali-politiche, da decenni, non comprendono la realtà, non prevedono i processi, non progettano il futuro.

Da anni, dalla scrittura del libro *Sociologia e marxismo nella critica di Gramsci*, De Donato, 1978 - https://www.amazon.it/Traversata-marxismo-sociologia-proposta-politica-ebook/dp/B076ZL9MRZ, Luis Razeto e io stiamo lavorando alla costruzione della scienza della storia e della politica, partendo dal Gramsci dei *Quaderni*. Il primo passo è stato precisamente la teoria della crisi organica. Il passo più recente è *La Vita Nuova* - http://pasqualemisuraca.com/sito/index.php/scienza/196-la-vita-nuova-versione-multimediale.html

(*Alias*, marzo 2012)

La fine del mondo

Gennaio è stato il mese di Buster Keaton, febbraio di Kafka, marzo di Gramsci, aprile è, naturalmente, il mese di Pasolini: "Sono qui, solo, con te, in un futuro aprile." Cosa ha da dire, a te, a me, Pasolini - sulla crisi che stiamo vivendo?

A chi obietta che, essendo un poeta, Pasolini è uno che fa l'amore con le nuvole, risponderò che i poeti hanno i piedi piantati sulle nuvole e gli occhi puntati sulla realtà. I poeti fanno l'amore con la realtà.

A chi obietta che, essendo un profeta, Pasolini ha pre-visto tutto, risponderò che di nessun Dio riferiva la voce: viveva e scriveva "l'orgoglio e il dolore della solitudine".

Ma allora, Pasolini, chi era? Era uno che aveva perso l'ideologia. E siccome era senza paraocchi e senza consolazione, vedeva e sentiva "tutto dall'alto, da lontano, e tutto dal basso, da vicino". Quale ideologia aveva perso? L'ideologia della sua adolescenza, comunista e marxista, l'ideologia che aveva conosciuto e riconosciuto nei corpi dei suoi amanti adolescenti.

Sennonché, verso la fine degli anni Sessanta, continuando, ogni notte, "senza rimedio e senza alternativa", ad amoreggiare con gli adolescenti, ha notato che gli adolescenti di quegli anni, quei 'corpi', non erano più quelli di una volta. Non che fossero un po' diversi, no: erano radicalmente diversi. "Il mondo ha eterni, inesauribili cambiamenti. Ogni qualche millennio, però, succede la fine del mondo." "Se io oggi volessi rigirare *Accattone*, non potrei più farlo. Non troverei più un solo giovane che fosse nel suo 'corpo'…"

"La fine del mondo". Fuor di metafora, la crisi di una civiltà, la vecchia civiltà moderna. Una crisi che smascherava i potenti, rendendoli ridicoli, e omologava i giovani, rendendoli infelici. "Scomparsa delle lucciole". "Grande mutazione antropologica". "Rovesciamento radicale oggettivo del mondo delle classi dominate". "Vuoto culturale".

Quale è stato il limite di Pasolini? Continuare a cercare nella cultura di sinistra, e soprattutto nel marxismo, la chiave per comprendere scientificamente il fenomeno. Ma il marxismo era in crisi, era ed è parte della crisi organica della vecchia civiltà moderna. "È cambiato il 'modo di produzione'." "Oggi pare che solo platonici intellettuali (aggiungo:

marxisti) abbiano qualche probabilità di intuire il senso di ciò che sta veramente succedendo".

Ma il problema non sono i limiti scientifici dell'analisi che Pasolini ha fatto della crisi. Il problema siamo noi. Lui ha passato gli ultimi anni della sua vita testimoniando un vuoto culturale che generava "giovani infelici" capaci di uccidere "senza mandanti e senza ragione". Un gruppetto di questi giovani infelici lo ha ucciso e noi, non riconoscendo questa crisi come crisi di civiltà, dal fondo della prigione dell'ideologia, ci consoliamo con la leggenda della sua morte per 'complotto': "Soprattutto il complotto ci fa delirare. Ci libera da tutto il peso di confrontarci da soli con la verità. Che bello se mentre siamo qui a parlare qualcuno in cantina sta facendo i piani per farci fuori. E' facile, è semplice…" Ultima intervista di Pasolini, a Furio Colombo, *'Tuttolibri'*, fine ottobre 1975."

(*Alias*, aprile 2012)

§

Silenzio

Argomento principe di questa rubrica [la rubrica 'Fulmini e Saette' che tengo su 'Alias', supplemento culturale de 'il manifesto'], da sei anni e in cento salse, è la mostrazione e òa dimostrazione del fatto che Gramsci con i *Quaderni del carcere* ha avviato una nuova scienza: la scienza della storia e della politica. E che questa scienza è andata oltre tutti i marxismi compreso il marxismo di Marx, producendo (con il concorso di Luis Razeto e mio) una serie di teorie scientifiche, prima fra le quali la 'Teoria della crisi organica'.

Questa teoria mostra che al tempo in cui Gramsci scriveva i *Quaderni* era in atto la fase iniziale di una 'crisi di civiltà', la fase terminale della quale stiamo vivendo oggi. Ecco perché Gramsci è attuale e ci serve come il pane.

Giuseppe Vacca pensa invece (in *Vita e pensieri di Antonio Gramsci. 1926-1937*, Einaudi

2012) che Gramsci ha elaborato nei *Quaderni* una 'teoria delle crisi' – al plurale e in generale, e che la crisi contemporanea al Gramsci del carcere fu superata dall'americanismo'.

Superata? No, Giuseppe: solo prolungata - prima dal keynesismo, poi dalla Seconda Guerra Mondiale, infine dal neoliberismo. E ora non si sa più cosa fare.

Trovate la 'Teoria della crisi organica' nel libro *La Traversata*, all'indirizzo internet http://pasqualemisuraca.com/sito/index.php/scienza/50-la-traversata.html#Capitulo6

Un libro (edito nel 1978 da De Donato col titolo *Sociologia e marxismo nella critica di Gramsci*) che Vacca conosce, e nel quale Razeto e io dimostriamo che ciò Gramsci, scrivendo i *Quaderni*, ha fatto (ha cominciato a fare).

E lo conosce bene, avendolo letto ancora dattiloscritto. Lo impressionò al punto da darlo in lettura a Valentino Gerratana, il quale rimase basito, particolarmente dalla radicale critica del marxismo di Marx, convocò me e Razeto in via del Conservatorio, e ci disse: "La vostra critica di Marx non mi piace. Ho cercato di smontarla criticamente. Non ci sono riuscito, ve la farò pubblicare." (Il libro si concludeva non a caso con il confronto fra la teoria gramsciana 'della crisi organica' e la teoria marxiana 'delle crisi del capitalismo'.)

Grazie a Vacca e a Gerratana, in somma, il libro fu pubblicato. Ma. Non lo recensirono, Giuseppe e Valentino. Come mai, se lo avevano caldeggiato?

Cari lettori, questo è un ennesimo capitolo della silenziosa lotta contro gli eretici. A Gramsci è toccato essere curato criticamente (Gerratana è stato il curatore della edizione critica dei Quaderni) e fondativamente (Vacca è stato prima direttore poi presidente della Fondazione Gramsci) da due togliattiani. E il togliattismo è una specie di cattolicesimo controriformistico. "La Controriforma elaborò un tipo di predicatore che si trova descritto nel *Predicatore Verbi Dei*, Parigi, 1585. Alcuni canoni: (…) 4°. non riferisca gli argomenti degli eretici dinanzi alla moltitudine inesperta (…) Il punto 4°. è specialmente interessante: l'eresia è lasciata senza obiezione, perché si ritiene minor male lasciarla circolare in un dato ambiente piuttosto che, combattendola, farla conoscere dagli ambienti non ancora infetti." (pagine 7 e 7bis del *Quaderno 8*)

(*Alias*, giugno 2012)

La Vita Nuova

Ho iniziato sei anni fa la collaborazione con Alias, invitato da Roberto Silvestri, per entrare in dialogo con i giovani. Poco mi interessavano e meno mi interessano gli intellettuali di professione, amanti delle discipline e non delle scienze, delle tradizioni e non delle conoscenze - se non quelli fra loro che sono stati giovani e se ne ricordano ancora. Desideravo dialogare con esseri umani plastici e leggeri sul mondo grande e terribile, scosso da una crisi di civiltà.

Il principale autore di riferimento, diciamo pure il fratello maggiore dei miei fulmini e delle mie saette è stato Antonio Gramsci, entrato giovane in carcere, a 35 anni, e morto 11 anni dopo, ancora giovane, a 46. Perché il Gramsci dei *Quaderni*? Perché Gramsci e i suoi Quaderni hanno illuminato la mia giovinezza, e sono qui, alle soglie della vecchiaia, a ringraziarlo ancora.

Nel 1975 avevo 27 anni, e accanto a un altro giovane, Luis Razeto, esule dal Cile di Pinochet, ho riletto i *Quaderni del carcere* - che avevo già letto nella Edizione Tematica sorvegliata da Togliatti- nella Edizione Critica curata da Gerratana. E ho scoperto, sempre sia beata la spietata filologia ben connessa alla buona filosofia, che Gramsci aveva intrapreso in carcere una profonda autocritica della sua precedente esperienza politica e teorica, segnata dal marxismo e dal comunismo, e aveva avviato la costruzione di una nuova scienza, la "scienza della storia e della politica".

Il primo elemento di questa scienza, come lui l'aveva impostata e come Luis ed io abbiamo sviluppato e continuato creativamente, era ed è la teoria della "crisi organica", cioè l'analisi scientifica della natura storica e delle soluzioni possibili di questa crisi di civiltà che oggi viviamo nella sua fase terminale e allora, negli anni Settanta del Secolo Breve, andava globalizzandosi, e ancora prima, negli anni Trenta, Gramsci coglieva nella sua fase iniziale.

Così, abbiamo scritto saggi, e comunicazioni a convegni gramsciani, su tutto questo, e due libri, il primo edito nel 1978 da De Donato, *Sociologia e marxismo nella critica di Gramsci*, e il secondo inedito, *Politica e partiti nella critica di Gramsci*, dei quali poi, negli anni Dieci del Duemila abbiamo elaborato l'Edizione Critica e si trovano ora nei nostri siti.

Ed ecco, la collaborazione con Alias, ha significato anche questo, per me, grazie

Roberto: scrivere sempre più decisamente per i giovani, allargando le ricerche avendo in mente come lettori, e lettori potenzialmente attivi grazie alle reti telematiche, non gli ossificati specialisti della sociologia e della politologia bensì gli esseri umani in ebollizione, in formazione, in costruzione – decisi a lasciare i porti più protetti, a stivare le idee più consolatorie, per navigare il futuro. Una scienza nuova per una vita nuova.

È così è nato *La Vita Nuova*, il nuovo libro scritto con Luis, ancora a partire da Gramsci ma ancora più creativo dei precedenti, che qui ti segnalo, nostro lettore, nostra lettrice: http://pasqualemisuraca.com/sito/index.php/scienza/196-la-vita-nuova-versione-multimediale.html

Facci sapere.

(*Alias*, novembre 2012)

§

Partigianeria

In quest'anno dispari è stato di moda citare l'odio gramsciano verso gli indifferenti: "Odio gli indifferenti. Credo che vivere voglia dire essere partigiani…" Come sa bene chi visita e rivisita questa rubrica, io ammiro Gramsci, intellettualmente e moralmente – ma su questo punto non sono d'accordo con lui.

Tanto per cominciare, non condivido il sentimento dell'odio. Non odio, neppure i "religiosi reazionari" (come Lenin) o "tutti gli dèi" (come Prometeo) o i "mediocri soddisfatti" (come Flaiano). Il sentimento dell'odio mi è estraneo.

Ma veniamo all'odio verso "gli indifferenti" di cui si vanta Gramsci. Certo, partecipare è bello e democratico. "Democrazia è partecipazione" canta Gaber. E non solo genericamente partecipare, persino prendere parte nel senso di favorire, schierarsi, parteggiare.

E certo è brutto e oligarchico farsi i fatti propri, pensare solo a se stessi, o rinchiudersi nella torre e fare l'amore con le nuvole.

Ma bisogna andarci piano con l'essere partigiani per partito preso. A molti, a troppi, ieri e oggi, basta e avanza, nella vita, scegliere una parte, un campo, un pensiero, e difenderlo a tutti i costi, anche a costo della realtà e della verità. Individuare un campo come avversario e spararci sopra e sotto, sempre e comunque, qualunque cosa 'quelli' del campo avversario pensino, dicano, facciano, sognino.

Discordo. Secondo me bisogna prendere parte, a un movimento storico, a un confronto ideale, a una battaglia politica, ma senza raffermarsi nelle proprie ragioni, bensì ascoltando le ragioni degli altri, includendole nel proprio progetto, che diventa così più ricco e vasto e profondo.

Di più: bisogna ricordarsi che "talvolta è avversario tutto il pensiero passato", anche il proprio pensiero. Ma... mi rendo conto d'usare in questo momento... parole del Gramsci dei *Quaderni*, quelli scritti dal 1929 al 1935 – quando Gramsci aveva da 38 a 44 anni. Mi sto contraddicendo? No. È piuttosto lui, Gramsci in carcere, a essere cresciuto in senso storicamente progressivo. Dal Gramsci giovane, giornalista e politico, marxista e leninista e comunista (quello che scrive appunto "Credo che vivere voglia dire essere partigiani...", nel 1917, a 26 anni) è venuto fuori, attraverso la scrittura dei Quaderni, lo scienziato della storia e della politica, il quale sa che la verità non sta da una o dall'altra parte, e neppure in mezzo - sta in avanti, e comprende tutti.

Vivere non vuol dire più essere partigiani all'interno della vecchia civiltà moderna, bensì costruttori di una nuova superiore civiltà.

"Nella discussione scientifica, poiché si suppone che l'interesse sia la ricerca della verità e il progresso della scienza, si dimostra più 'avanzato' chi si pone dal punto di vista che l'avversario può esprimere un'esigenza che deve essere incorporata, sia pure come momento subordinato, nella propria costruzione. Comprendere e valutare realisticamente la posizione e le ragioni dell'avversario (e talvolta è avversario tutto il pensiero passato) significa appunto essersi liberato dalla prigione delle ideologie." (*Quaderno* 10) Occhio, lettore di Alias, anche il tuo pensiero talvolta è tuo avversario – se si soddisfa mediocremente nell'odio.

(*Alias*, dicembre 2012)

§

Gramsci di Ales

Il comunismo è morto, il marxismo prende lucciole per lanterne, e intanto i sinistri si baloccano con i centri sociali e il neo-neokeynesismo.

E allora, cosa diversamente fare? Vi ho contato e cantato, in questi ultimi otto anni, la mia modesta proposta in molti linguaggi. Oggi vi racconto una favola.

C'era una volta un uomo che da giovane era marxista e aveva fondato un partito comunista. Poi da grande era andato teoricamente oltre i pensamenti del barbuto di Treviri, e criticato spietatamente le azioni del baffuto di Gori e tutta la baracca e i burattini del Paradiso in Terra. E aveva fondato una nuova scienza, la scienza della storia e della politica – quella che oggi ci serve come il pane per spiegare teoricamente e superare praticamente la crisi mondiale, finendola di litigare sull'articolo 18 come i polli di Renzo (Tramaglino).

Piano. Calma e gesso. Siamo più precisi.

Il nostro giovane cent'anni fa aveva trent'anni, fonda un partito comunista, ne diventa segretario, fonda un giornale, è eletto deputato, e scrivendo e parlando e facendo diffonde il marxismo e il comunismo. Per cinque anni. Finché viene arrestato dai fascisti e messo in carcere. E in carcere muore, dopo undici anni.

E che fa, in questi anni di carcere, quest'uomo che non ha avuto il tempo di invecchiare?

I primi tre anni pensa e ripensa, in carcere ha molto tempo per pensare. Si fa domande come questa: ma perché i comunisti sono stati sconfitti dai fascisti?

Altri marxisti, altri comunisti, danno la responsabilità di questa sconfitta agli altri, ai fascisti e alla loro violenza, ai padroni e al loro egoismo, alle masse e alla loro ignoranza. Gli altri. Lui no. Lui in carcere riflette sulle responsabilità proprie, alle responsabilità dei marxisti e dei comunisti, responsabilità politiche, responsabilità culturali soprattutto. Comincia a pensare che il mondo nuovo non possa nascere attraverso una rivoluzione, una dittatura, un partito, ma attraverso una cosa che chiama Rinascimento+Riforma, e che richiede tanto per cominciare la fondazione e lo sviluppo di una nuova scienza. E, tenete in mente la data: siamo nel 1929, la fonda e comincia a svilupparla, questa nuova scienza, e la chiama "scienza della storia e della politica".

E sapete dove e come precisamente la fa questa cosa? Scrivendo i Quaderni del carcere, cari amici vicini e lontani. Questo sono i Quaderni, altro che un raffinamento del marxismo e una apologia del comunismo!

Insomma, quel giovane, diventando grande, capisce e mostra e dimostra che i suoi sogni di marxista e comunista erano stati sconfitti non dalla violenza del fascismo e l'egoismo dei padroni e l'ignoranza delle masse, ma dalla insufficienza del marxismo come teoria e del comunismo come pratica. E conseguentemente cerca di superare questa doppia insufficienza, fondando questa nuova scienza. E qual è la prima scoperta di questa scienza? Che stiamo vivendo una crisi di civiltà, che lui chiama "crisi organica".

Crisi di civiltà? Questa che stiamo vivendo è una crisi di civiltà? E lui, negli anni Trenta del Novecento, come faceva a comprendere in anticipo ciò che sta succedendo oggi, ottanta anni dopo? Ma quale anticipo? Ma quale dopo! Allora, quando lui scriveva i Quaderni, era in atto la fase iniziale di questa crisi di civiltà. Oggi ci rotoliamo e balocchiamo nella fase terminale di quella stessa crisi, che è una e una sola crisi, una crisi di civiltà.

Come come? Questa crisi non è nata negli Stati Uniti nel 2006 con la faccenda finanziaria dei subprime? No, cari amici vicini e lontani, fatevene una ragione – scientifica. Non siate disfattisti. "Non è puro disfattismo trovare che tutto va male e non indicare criticamente una via d'uscita da questo male? Un 'intellettuale' ha un modo d'impostare e risolvere il problema: lavorando concretamente a creare quelle opere scientifiche di cui piange amaramente l'assenza, e non limitarsi a esigere che altri (chi?)

lavori." (Antonio Gramsci, *Quaderni del carcere* – la pagina trovatevela voi)

(*Alias*, ottobre 2014)

§

Pasolini di Bologna

Puntuale come la morte, anche quest'anno è arrivata la commemorazione della morte di Pier Paolo Pasolini, il quale è morto ammazzato domani, cioè nella notte tra il 1 e il 2 novembre 1975.

Domani? E cosa c'è di futuribile nella morte violenta di Pasolini? C'è, cari amici vicini e lontani, che toccherà a noi, a sempre più di noi. E come mai? vi starete chiedendo, saltando sulle sedie, o ridendo della pre-visione.

Orbene, chiediamoci: cosa è essenziale in Pasolini? vale a dire: cosa di lui si ricorderà tra diecimila anni? Qualche poesia, qualche film, i romanzi no, i disegni tanto meno. Resteranno, sopra tutto, i saggi degli ultimi anni, quelli raccolti poi nei due libri *Scritti corsari* e *Lettere luterane*.

E perché? - vi state domandando. Perché, in quei saggi, che ha scritto tra la fine dei Sessanta e la metà dei Settanta, Pasolini ha raccontato in diretta, in viva voce, la sua straziante e insopportabile scoperta: era venuta "la fine del mondo".

Pasolini era un poeta, uno scrittore, un cineasta: un uomo d'arte; non era professore, non scienziato dell'economia e della società e della politica, e quindi non adoperava un linguaggio accademico, scientifico, adoperava un linguaggio artistico, metaforico. E così, quando voleva dire che era in atto la crisi della vecchia civiltà moderna, scriveva che erano "scomparse le lucciole", scriveva che era venuta, appunto, "la fine del mondo".

Era il solo a dirlo, questo? No, certo che no. Quaranta anni prima di lui Antonio Gramsci, scrivendo i Quaderni del carcere, aveva scritto che era in atto la crisi della vecchia civiltà moderna, e che stavamo vivendo, fin dall'inizio del Novecento, la fase iniziale della crisi della vecchia civiltà moderna, che lui chiamava "crisi organica".

Pasolini, dunque. E prima di lui, Gramsci. E dopo di loro? Dopo di loro, cari amici vicini e lontani, gli intellettuali di professione, i professori, gli scienziati dell'economia e della società, della politica, si sono bevuti il cervello, e quindi non hanno saputo prevedere la crisi, capirla, spiegarla, e progettarne il superamento torico. Aspettano che la crisi passi, tra una settimana, come un'influenza, tra un mese, come una polmonite, tra un anno, come un cancro, tra dieci o venti o trenta anni, come una vita.

E Pasolini? Pasolini è buono per le commemorazioni, e le sfuriate. "Ah, il complotto!" Pasolini ha scritto che nel mondo attuale vivono e vagano "giovani infelici" non più fascisti, non più comunisti, immersi come sono in un "vuoto culturale", e che uccidono "senza mandanti e senza scopo". (Anche voi, domani) E ha detto, fin dentro l'intervista a Furio Colombo del 1 novembre 1975, che l'idea del "complotto borghese e fascista" è facile, semplice, consolatoria: "Soprattutto il complotto ci fa delirare. Ci libera da tutto il peso di confrontarci da soli con la verità. Che bello se mentre siamo qui a parlare qualcuno in cantina sta facendo i piani per farci fuori. E' facile, è semplice…"

(*Alias*, novembre 2014)

§

Gesù di Nazaret

Gesù è noto per aver fondato la religione cristiana. Falso. Questa religione l'hanno fondata i suoi discepoli, male intendendo le sue parole e i suoi atti. È la solita storia: i piccoli amici di un grande uomo lo riducono alla propria misura, e buonanotte.

Gesù nasce 2020 anni fa circa in Palestina, vive lavorando e studiando e insegnando e, a meno di 40 anni, muore crocifisso.

Da ragazzino è talmente intelligente che molti presagiscono in lui il Messia, il mitico salvatore atteso dal popolo ebreo. Questi sguardi lo spingono a studiare. Adolescente, discute nel tempio di Gerusalemme con i dottori della Legge, e comincia a distaccarsi dalla religione ebraica e dalla cornice familiare.

Vive facendo il falegname e studiando, fino ai trent'anni, quando decide di criticare apertamente e superare teoricamente e praticamente la religione ebraica, e proporre una religione non più fondata sul sacrificio – come la religione greca e romana ed ebraica e via elencando - ma sull'amore di tutti verso tutti: "Ama il prossimo tuo come te stesso."

Fonda una comunità paritetica di uomini e donne e percorre con loro la Palestina, ascoltando e insegnando, e spingendo i discepoli a fondare nuove comunità orientate alla creatività, all'autonomia, alla solidarietà.

La novità delle sue parole e dei suoi atti provoca l'allontanamento di parecchi suoi discepoli, irrita in modo crescente i religiosi ebrei, preoccupa i militari romani che governano la Palestina. Lo catturano, lo giudicano, lo torturano, lo crocifiggono.

I suoi discepoli, dopo la sua morte, raccontano ad altri la sua storia come l'hanno capita e vogliono capirla, scrivono i vangeli (pieni di realtà cronachistica e invenzioni ideologiche), e fondano non una rete di comunità, com'era nel progetto di Gesù, ma una chiesa. Nei vangeli giustificano questa istituzione attribuendogli la frase "Tu sei Pietro e su questa pietra fonderò la mia chiesa." Ma questa frase contiene un gioco di parole – Pietro, pietra – che si produce nella lingua greca, non nella lingua aramaica parlata da Gesù. La chiesa aveva problemi di autorità, e integrava i vangeli mettendo sulla bocca di Gesù ciò che le conveniva.

E il sacrificio? Gesù non voleva fondare una religione del sacrificio? La religione cristiana non afferma forse che Gesù si è sacrificato volontariamente per sanare i peccati del mondo? Sì, la religione cristiana afferma questo, ma Gesù è stato ucciso contro la sua volontà. E il sacrificio lo faceva andare in bestia.

Ricordate la cacciata dei mercanti dal tempio di Gerusalemme a suon di frustate? Quell'episodio non si spiega, come ancora ha fatto l'altro giorno Jorge Bergoglio, come conseguenza dell'ira provocata in Gesù dal mercanteggiamento nei pressi del tempio.

No. Gesù non era un piccolo moralista. Si spiega come critica pratica di una religione fondata sul sacrificio, l'ebraismo: i mercanti, cambiando la valuta e vendendo gli animali ai fedeli ebrei, rendevano possibile il sacrificio.

La sua morte è stata atroce. Non tanto per la sofferenza fisica. Altri sono morti crocifissi, e comportandosi anche più coraggiosamente di lui. Atroce è stata la sua sofferenza intellettuale e morale: aveva tentato di fondare una religione non sacrificale, e lo sacrificavano. E i suoi discepoli erano pronti ad assumere come simbolo del suo pensiero e dei suoi atti la croce del sacrificio: "Padre perdonali, perché non sanno quello che fanno."

(*Alias*, dicembre 2014)

§

Ipertrofia della volontà di comunicazione

Negli ultimi anni, il numero degli scrittori ha superato il numero dei lettori.

È il paradosso finale della civiltà moderna, che non è riuscita a insegnare a tutti a leggere ma a scrivere, e pubblicarsi.

Sia chiaro: a scrivere non c'è niente di male, anzi scrivere fa bene, come bene fanno tutte le attività costruttive. Ma è male pubblicare, se non in casi straordinari.

Mia figlia Nefeli definisce questa patologia della pubblicazione con la formula 'ipertrofia della volontà di comunicazione', e la giustifica legandola all'aspirazione degli umani alla vita eterna.

Fino a ieri – aggiungo io - gli umani si contentavano dell'eternità offerta dalle religioni, tutti eterni gratuitamente, all'Inferno o in Paradiso poco importava.

Oggi che la crisi organica della civiltà moderna ha rosicchiato le nostre speranze e accorciato i nostri orizzonti, scettici e miopi l'eternità ce la produciamo da soli, scrivendo e pubblicando.

Per ciò pubblichiamo le nostre facce, i nostri pensieri, le nostre poesie, i nostri saggi, i nostri romanzi, sugli schermi dei computer e sulle pagine dei libri, senza ritegno, senza rimedio, finché la morte non ci separi.

Ma pubblicare è niente se non sei letto. Solo attraverso la lettura puoi diventare eterno. Da qui, l'ipertrofia della volontà di comunicazione, che ti spinge prima a pubblicare, poi a diffondere, divulgare, disseminare, propalare, promuovere, sbandierare. E arrivano offerte, domande, richieste di lettura. Lettura per pubblicazione si capisce, su un inserto settimanale di un giornale per esempio, come Alias de 'il manifesto'.

Così è arrivato fino a me attraverso la linea facebook – posta il libro di Giuseppe Tripodi, *Cola Ierofani. Amori e politica nel Secolo Breve*, Città del Sole Edizioni s.a.s. 2014, pagine 437. Un romanzo storico. Andava scritto, questo libro? Certo: ha dato più senso e più forma alla vita di Giuseppe Tripodi. Andava pubblicato? No.

Come non andavano, non vanno pubblicati il novantanove per cento dei libri che circolano sulle Reti, nelle librerie. I classici (gli scrittori straordinari) vanno letti. Tutti devono leggerli. Tutti devono scrivere. Ma non scrivere per pubblicare.

Gli scrittori comuni come Giuseppe Tripodi siano letti soltanto (oltre che dagli amici educati e dai parenti stretti, si capisce) dagli storici, giornalisti, sociologi, antropologi, politici, sindacalisti, amministratori, e via specializzando, per ricavarne materiali di conoscenza del mondo e della vita. Ma per ottenere questo non servono le case editrici e i social network, bastano le macchine da scrivere e le email.

"Bisogna prendere speciali precauzioni contro la malattia dello scrivere, perché è un male pericoloso e contagioso", ha scritto Pierre Abélard. Scritto e pubblicato, purtroppo.

(*Alias*, gennaio 2015)

Stato

Zygmunt Bauman è un sociologo esperto, ma non conosce Pasolini, e non conosce bene Gramsci – di conseguenza non riesce a spiegare questa crisi che stiamo vivendo, nonostante ci scriva sopra un libro dopo l'altro.

L'ultimo l'ha scritto con Carlo Bordoni sociologo pure lui, s'intitola *Stato di crisi* (Einaudi 2015), e non solo non spiega la crisi intera, ma nemmeno la crisi dello Stato, sulla quale il libro è incentrato - sebbene sia pieno di descrizioni dei fenomeni che la caratterizzano.

Ma nella scienza non bastano i come, le fotografie, servono i perché, servono i concetti. Lo Stato "non ha i mezzi" per affrontare la crisi. Giusto, ma perché? "Seriamente svuotati di potere e sempre più indeboliti, i governi degli Stati sono costretti a cedere una dopo l'altra le funzioni un tempo considerate monopolio naturale e inalienabile degli organi politici statali". Vero, ma perché?

Il come, nel caso di Bauman, è costantemente riferito alla metafora che l'ha reso celebre: *la modernità liquida*. Siamo passati dallo stato solido (modernità) allo stato liquido (postmodernità). Ma dove stiamo andando, dice Bauman, non si sa: "Nei nostri tempi si accumulano prove su prove che i vecchi, familiari e comprovati modi di fare le cose non funzionano più, mentre di nuovi che li possano sostituire non se ne vedono". Non si sa e non si può sapere: "L'inizio o la fine di un'era non sono conoscibili da chi vi si trova immerso."

Ma perché si è passati dallo "stato solido" allo "stato liquido" nell'economia, nella politica, nella morale, nella cultura? Il perché è per Bauman quello che l'uva è per la volpe (che non riesce a raggiungerla): *nondum matura est, nolo acerbam sumere* - non è matura, non voglio mangiarla acerba.

In tutto il libro sono citati da Bauman e Bordoni centinaia di autori che si arrovellano sullo Stato e sulla crisi. Pasolini non c'è. Perché dovrebbe esserci? Perché (come ho mostrato in questi anni in questa rubrica) Pasolini, negli *Scritti corsari* e nelle *Lettere luterane* degli anni Settanta del Novecento, ha riscoperto la dimensione epocale di questa crisi, che chiamava "fine del mondo", e individuato l'insorgere di nuove forme di fascismo.

E perché dovrebbe esserci e in grande stile Gramsci – che invece fa solo una comparsata con la citazione del termine "interregno"? Perché Gramsci, nei *Quaderni del carcere*, ha scoperto per primo, negli anni Trenta del Novecento, la dimensione epocale di questa crisi, che chiamava "crisi organica", ed ha criticato radicalmente i tre primi tentativi regionali di risposta ad essa: il comunismo, il fascismo, l'americanismo.

Il concetto di crisi di civiltà è necessario per spiegare il perché di questa crisi. Ed è necessario per progettare il suo effettivo superamento, che è possibile, anzi è in corso: dalle ceneri della civiltà moderna sta nascendo infatti una nuova e superiore civiltà, caratterizzata dalla diffusione di un 'tipo umano' che si può definire "creativo, autonomo, solidale".

Ma questo non lo sanno i politici e gli intellettuali e gli scienziati esperti di crisi, che "non sanno quando stanno andando" (Corrado Guzzanti) e, vedi Bauman, teorizzano questa debolezza conoscitiva come propriamente contemporanea. Mi ricorda quel francese "che nel suo biglietto da visita aveva fatto stampare «contemporaneo»". (Gramsci, *Quaderno 11*)

(*Alias*, aprile 2015)

§

Il Regno di Gesù

Intrecciando abilmente conti autobiografici degli ultimi anni e un verosimile racconto dei primi anni del cristianesimo, Emmanuel Carrère ha scritto un sapido libro: *Il Regno* (Einaudi 2015).

Ricco di notazioni intelligenti sui vangeli come opere letterarie. E su Luca e Giovanni come scrittori. E Paolo organizzatore-teologo. E Giacomo, "diventato, sulla base di un puro principio ereditario, uno dei grandi personaggi della Chiesa delle origini". È Maria Maddalena, "la prima a parlare della resurrezione di Gesù, e forse, in questo senso, quella che ha inventato il cristianesimo". E altri ancora. Grazie.

Naturalmente Carrère parla anche di Gesù, in maniera inverosimile però – in quanto non distingue Gesù di Nazaret, la figura storica, da Gesù il Cristo, la figura mitologica (costruita proprio da Luca e Giovanni e Paolo eccetera): "Non si saprà mai chi era veramente Gesù né che cosa veramente abbia detto", dal momento che lo conosciamo attraverso "intermediari, che hanno ricoperto le sue parole di spessi strati di leggenda e di teologia."

Limitazione effettiva solo in parte – come, del resto, per i presocratici, e per Socrate stesso. La ragione maggiore della fuorviante rappresentazione di Carrère sta secondo me nella sua idea di Gesù come-Misterioso-Autore-del-Regno-come-Mondo-all'Incontrario. "Gesù diceva: Non abbiate bambini. Lasciateli venire a voi, fatevi ispirare dalla loro innocenza, ma non abbiatene. Amate tutti i bambini in generale, non un bambino in particolare. E perfino voi, soprattutto voi, non amate voi stessi. È umano volere il proprio bene, voi non dovete volerlo. Diffidate di tutto ciò che è normale e naturale desiderare: famiglia, ricchezza, stima da parte degli altri, rispetto di sé. Preferite l'afflizione, la disperazione, la solitudine, l'umiliazione. Considerate cattivo tutto ciò che la gente giudica buono, e viceversa."

Così facendo Carrère riduce il progetto di Gesù a quello della trasvalutazione di tutti i valori. Come fosse un Nietzsche ante litteram, o un Gran Bastian Contrario. Ma l'idea del Regno (come ho mostrato nel *Vangelo laico secondo Feliciano*) non è fondata sull'opposizione, bensì sulla costruzione - di una nuova unità tra teoria e pratica, tra privato e pubblico. Questa costruzione di una nuova unità intellettuale e morale è fuori della portata dei fedeli e degli scettici. E Carrère oscilla, così nella vita come nel libro, tra queste due posizioni reciprocamente esclusive.

Il Regno, per il Gesù immaginato dai cristiani, Gesù il Cristo "Figlio di Dio", è il "Regno dei Cieli", è l'Altro Mondo. Invece, per Gesù di Nazaret, che si autodefiniva "figlio dell'uomo", il Regno è la vita umana piena e completa qui e ora, come egli stesso mostra con le sue azioni (quelle effettivamente compiute) e dice con le sue parole (quelle effettivamente dette), e lo è nella misura in cui unifichiamo io e noi ("Siate perfetti come è perfetto il Padre celeste"), teoria e pratica ("Perché mi chiamate Maestro e non fate quello che dico?"), previsione e visione ("Il Regno non viene in modo da attirare l'attenzione, e nessuno dirà: Eccolo qui, o: eccolo là. Perché il Regno è in mezzo a voi!").

(*Alias*, giugno 2015)

§

Stanley Kubrick grande intellettuale

Un'idea diffusa intorno agli artisti è che non sanno quello che fanno. Idea falsa. È vero però che esistono molti gradi di consapevolezza del fare artistico. Il minimo è condiviso dalla massa di sedicenti artisti dei nostri tempi, presso i quali - prendiamo ad esempio la letteratura - il numero degli scrittori ha superato quello dei lettori. Il massimo è rappresentato, ad esempio nel cinema, da Stanley Kubrick.

Vi farò tre regali: tre passaggi dell'antologia-di-interviste-kubrickiane *Non ho risposte semplici*, 2015. Ma prima urgono due bacchettate.

La prima alla casa editrice, la minimum fax, che sottotitola il libro "Il genio del cinema si racconta". Il? Non bastava scrivere Un? E Chaplin ed Ėjzenštejn e Welles eccetera li abbiamo dimenticati?

La seconda va ad Emiliano Morreale, che titola la sua Introduzione "L'ultimo regista del cinema". Forse male influenzato da L'ultimo imperatore? L'ultimo samurai? L'ultimo bacio? L'ultimo lupo?

Veniamo a Kubrick grande intellettuale (oltre che regista). Colin Young nel 1959 gli

domanda: "Perché, dopo Orizzonti di gloria, vuole girare un altro film sulla guerra?"
E Kubrick: "Tanto per cominciare, il fascino di una storia di guerra è che fornisce un'occasione quasi unica per mettere in contrasto un individuo della nostra società contemporanea con una solida cornice di valori universalmente accettati, di cui il pubblico diventa profondamente consapevole, e che si può usare come contrappunto per una situazione umana, individuale, emotiva. Inoltre, la guerra è una specie di vivaio che favorisce la crescita rapida e forzata di atteggiamenti e sensazioni. Gli atteggiamenti si cristallizzano ed emergono. Il conflitto è naturale, mentre in una situazione meno critica dovrebbe essere presentato quasi come un espediente, e quindi sembrerebbe forzato, o peggio ancora falso. Ėjzenštejn, nei suoi scritti teorici sulla struttura drammatica, spesso pecca di semplicismo. I contrasti bianco/nero di Aleksander Nevskij non si adattano a qualsiasi opera. Invece la guerra permette di sfruttare contrasti di quel tipo, e in maniera spettacolare."

Eric Norden, nel 1968: "Qual è il messaggio metafisico di 2001?"

Kubrick: "Non è un messaggio che intendo esprimere a parole, né oggi né mai. 2001 è un'esperienza non verbale. Ho cercato di creare un'esperienza in tutto e per tutto visiva, che oltrepassi le categorizzazioni verbali e penetri direttamente nel subconscio con un contenuto emotivo e filosofico. Per ribaltare la frase di McLuhan, in 2001 il messaggio è il mezzo."

Ancora Norden: "Pensa che l'amore romantico sarà fuori moda nel 2001?"

Kubrick: "Naturalmente la gente trova sempre più facile avere relazioni intime e soddisfacenti al di fuori del concetto di amore romantico (che, nella sua forma attuale, è un'acquisizione relativamente recente, sviluppatasi nel XII secolo alla corte di Eleonora d'Aquitania), ma non sarà facile aggirare la nostra programmazione emotiva primitiva. L'uomo possiede essenzialmente lo stesso insieme di istinti utili a rinsaldare la coppia (l'amore, la gelosia, la possessività) che gli sono stati impressi milioni di anni fa per la sopravvivenza individuale e tribale."

(*Alias*, giugno 2015)

Fassina, il conformista

"Non lo capisco quando parla, Fassina. È fumoso, è astratto. Mi ricorda troppo il comunismo polacco, rivoltato da Solidarność 25 anni fa eppure ben presente nell'economia e nella politica e nella cultura nostra: è ancora vivo l'homo sovieticus." Chi mi dice queste parole è Sławomir M. Stasiak, un polacco di mezza età laureato in storia a Firenze e oggi, imprenditore e letterato, mio interprete al Gdańsk DocFilm Festival 2015. Mentre parla, i suoi occhi brillano di rabbia impotente.

Stefano Fassina, questo avversario sinistro di Renzi (il quale, lo dico a scanso di equivoci, a mio parere, non è un riformatore bensì un razionalizzatore dell'esistente), lo incrocio spesso di corsa nei dintorni del Parco del Colle Oppio di Roma (di corsa lui in tuta, io cammino a passi lenti, alla Grouco Marx). E sempre mi domando: non condivide la teoria e la prassi di governo di Renzi e dei suoi colonnelli, bene, ma perché non avanza altre proposte economiche e politiche e culturali chiare e concrete?

Sì, lo so, Fassina critica osteggia il segretario del PD ripetendo che "chi guida il partito non può pretendere soltanto conformismo", e Fassina è uomo d'onore, ma non basta. Non pretendo che costituisca un governo ombra, ma che manifesti l'ombra di un'idea.

Ora, Sławomir esagera quando, pensando a lui, evoca l'homo sovieticus, il tipo sociologico coniato dallo scrittore e sociologo Aleksandr Aleksandrovič Zinov'ev. Fassina non è Gennadij Andreevič Zjuganov (esponente del Partito Comunista della Federazione Russa e avversario sinistro di Vladimir Putin). Fassina a me ricorda piuttosto l'homo ingraianus.

Qualche anno fa, alla vigilia della pubblicazione della propria autobiografia, Pietro Ingrao, intervistato da Simonetta Fiori per "la Repubblica", ha confessato di aver "amato troppo l'applauso" e aver "assorbito un fondo chiesastico". Insomma, di essere stato un conformista.

Conformista, Fassina? Proprio lui che accusa di conformismo i dirigenti e i diretti del PD che s'inchinano alle decisioni del capo? E se non s'inchina al capo, a chi conformisticamente Fassina s'inchina?

"Fassina è un economista? Elabori soluzioni concrete ai problemi reali. Invece è un demagogo, un opportunista, uno che si conforma ai desideri dei nostalgici del Piccì, che compiace gli impiegati e i professori della CiGiElle." Chi mi parla così è Raffaele Abbattista, un italiano di mezza età, laureato in macelleria a Roma. Lo frequento spesso, il negozio suo e di suo padre Alessandro, in via Labicana, la carne è eccellente, il prezzo onesto, e acute le loro notazioni popolane.

Quando dico ad Alessandro che Fassina ha lasciato il PD annunciando di voler fondare, con Civati e Pastorino e Cofferati, "un nuovo soggetto politico", e gli leggo le sue parole dalla Rete: "Con loro ci ritroveremo per avviare un percorso politico sui territori, plurale, che possa raccogliere le tante energie che sono andate nell'astensionismo. Vogliamo provare a ricoinvolgerle per una sinistra di governo ma con una agenda alternativa…" noto con la coda dell'occhio che i suoi occhi si velano di rabbia impotente.

(*Alias*, luglio 2015)

§

Saviano prima di Saviano

Tra gli apologeti e i detrattori di Roberto Saviano, ho scelto dal principio di stare tra i primi, addirittura da quando Saviano non era ancora Saviano, da quando era uno spiritatissimo giornalista sconosciutissimo.

Ma prima di raccontare l'episodio rivelatore della persona e del personaggio, due parole su Saviano oggi che è diventato nonostante tutto e tutti, compreso se stesso, un divo.

In un certo senso era inevitabile, in un tempo di oscuro passaggio dal vecchio che muore al nuovo che non vuole nascere, insomma in questo nostro tempo di crisi epocale, nel quale la figura del capo carismatico naturalmente si diffonde e s'impone. Per restare in Italia, negli ultimi decenni ciò è accaduto più volte. Nella forma a metà fra il Barone di Münchausen di Raspe e il Casanova di Fellini (Berlusconi), nella forma a metà tra Girolamo Savonarola e Corrado Guzzanti (Grillo), nella forma a metà tra il Vantone di Plauto e il Valentino di Machiavelli (Renzi).

Inevitabile, nella fase terminale della crisi della vecchia civiltà moderna. Una crisi nata non dieci anni fa dalla faccenda statunitense dei subprime, come tutti a destra e a sinistra vanno ripetendo, ma dalla crisi di inizio del Novecento, come Gramsci per primo ha capito e scritto nei *Quaderni del carcere* (1929-35), definendola "**crisi organica**", e Weber ha intuito come tempo oscuro nel quale germina una moltitudine di figure carismatiche.

Weber parlò infatti, nella conferenza *La politica come professione* (1919), della "autorità del dono di grazia personale di natura straordinaria – carisma", della "dedizione assolutamente personale nel carattere eroico o in altre qualità di capo di un individuo". E della "dittatura fondata sullo sfruttamento della natura sentimentale delle masse".

Veniamo a Saviano prima di Saviano.

Era il 27 giugno del 2003. Era notte, a Napoli, ed è mancata improvvisamente la luce elettrica. Black out, nero fuori. Mi trovavo al fianco di Agata Fuso, giovane donna napoletana ricca di giovani amici intellettuali, in un buio metropolitano rotto soltanto dai fari delle automobili e dagli accendini, quando ho incontrato Saviano prima di Saviano.

Era un giovane spiritato, facondo, febbricitante e luminoso - mi raccontò la sua ricerca in corso sulla Camorra.

Agata mi presentò quella notte altri suoi giovani amici, spiritati e facondi quanto lui - altre storie, altri progetti ho ascoltato. Ma l'unico che vedeva nero fuori e bianco dentro era lui, febbricitante e luminoso. Solo lui tra tutti era posseduto dalla speranza di cambiare la propria vita e dalla determinazione a cambiare la vita del mondo. Gli altri erano disperati, nero dentro e nero fuori, come i compagni del viaggio di ritorno in

Italia di Nino Manfredi alla fine di *Pane e cioccolata* (1973) di Franco Brusati.

Lui non era disperato, no, Saviano prima di Saviano: aveva già deciso di scendere dal treno di coloro che cantano "chi ha avuto ha avuto ha avuto / chi ha dato ha dato ha dato / scurdammoce o passato simmo nate per cantà / simmo e Napule paisà".

(*Alias*, febbraio 2016)

§

Realismo terminale

Vi ho parlato (nel fulmine del 4 aprile 2015) di Zygmunt Bauman sociologo della modernità liquida, un simpatico vecchietto che descrive bene la crisi ma non la spiega per niente. Vi parlo oggi di Guido Oldani teorico del terzo millennio, un omone misericordioso che offre alla nostra riflessione *Il realismo terminale* (Mursia, 2010, euro 5, pagine 50).

Qual è la sua idea? "Col terzo millennio e con l'umanità prevalentemente urbanizzata, cambia antropologicamente l'organizzazione della percezione della realtà, fatta largamente più di oggetti che di natura." (p.14). "Nell'ultimo decennio vedevo sempre di più, o mi documentavano giornali e notiziari, che la cronaca quotidiana veniva a incentrarsi su collisioni tra oggetti, fra questi e l'uomo o fra gli uomini stessi, considerati alla stregua degli oggetti. Allora mi si appalesó che l'oggetto aveva, con un balzo, superato di gran lunga, per numero e dignità, la figura umana. Esempio: La ragazza non compra la borsa in tinta con i suoi occhi, ma la borsa, con il suo colore, determina che la ragazza acquisti un certo abbigliamento di determinata colorazione e il colore del trucco dei suoi stessi occhi." (23-4) Come leggete, un pensiero in grande stile, in un mondo di pensatori palindromi. E come se non bastasse, questa lettura della realtà del mondo è felicemente sposata con una poetica originale. Anche nell'aureo libretto, che si chiude con la poesia

LA CENA:

"ed il cielo con tutte le sue stelle

sembra un brodino caldo con pastina,

sulla tovaglia dentro la tazzina.

e lei ha gli occhi paiono due barche

e lui invece identici a bulloni

e venti unghie sono allineate,

come le auto negli autosaloni."

Piena di forma la poesia e ricca di contenuto la teoria di Guido. Limiti della teoria: 1. La moltiplicazione esponenziale dei prodotti e il trasferimento epocale della popolazione del mondo nelle metropoli non accadono "dopo il 2000". Ma nel cuore del Novecento (vedi Pasolini, *Lettere luterane* 1975 (fulmine del 12 maggio 2012); 2. Il problema non si riduce alla "organizzazione della percezione della realtà", ma comprende l'organizzazione delle masse umane finalmente attive, organizzazione che entra in crisi agli inizi del Novecento. Crisi che nasce (insomma) dalla rottura degli automatismi economici-sociali-politici-culturali dati e dall'emergenza di nuovi modi di sentire-comprendere-capire-agire, i quali però non arrivano a espandersi fino a sostituire i precedenti (vedi Gramsci, Quaderni del carcere 1929/1935 (fulmine del 3 marzo 2012)

(Guido, letta la bozza del fulmine, mi scrive che nel suo libretto vuol dire che "col 2000 si passa dalla china al baratro". Ne rendo testimonianza.)

(*Alias*, maggio 2016)

Ovvero

Ho letto e riletto un libro di poesie. Un grande libro di poesie. Un libro di grandi poesie. Se lo leggerete e rileggerete, la vostra vita diventerà più ricca e più leggera. È un libro di Lino Angiuli, *OVVERO*, Nino Aragno Editore, 2015.

Vi porto una ragione, anzi un esempio casuale – aprendo il libro a caso come si spacca un'arancia, di questa ricchezza leggera:

"Ma specialmente il bianco a noi ci va a pennello

bianco come il ricordo fantasma dell'acqua

bianco come la prima comunione di roccuccio

come il lenzuolo che grida sui terrazzi

o come l'odore del padreterno

appisolato dentro una cappella di campagna

in mezzo ad angeli con le ali di cipria

e appena una punta di rossore in faccia."

(Dalla sezione *QUI* ovvero cinque ragioni per stare, dalla poesia 'La masseria festeggia i compleanni della calce'.)

Una ragione ancora?

Poesia viene dal greco póiēsis, derivazione di poiêin, che significa 'fare, produrre'. E queste di Lino non sono poesie perché scritte in poetese, quel linguaggio artefatto senza essere fatto ad arte che vi assale come vi assale un nugolo di moscerini non appena aprite uno dei mille libri di poesie che intasano le librerie e le portinerie e i social network pieni di carinerie.

Queste sono poesie, sono pagine scritte in una lingua sconosciuta, una lingua nuova come un albero nuovo nato chissà come chissà da quale seme volatile o quale radice sotterranea, in questo nostro mondo di greggi, di foreste, di pappagalli.

La poesia è quell'arte che distrugge, per un momento, il momento della sua scrittura, il momento della sua lettura, il tristo proverbio dei disfattisti e dei rassegnati: "Tra il dire e il fare c'è di mezzo il mare." Dire e fare sono nella autentica poesia una e medesima cosa. Finalmente. Si fa dicendo. Dicendo poesia si dice il mondo, il mondo di dentro abbraccia il mondo di fuori, l'Io e la Realtà si baciano con la lingua.

Con buona pace di Karl Marx, che da giovane (nelle *Tesi su Feuerbach*) scriveva: "I filosofi hanno solo interpretato il mondo in modi diversi; si tratta ora di mutarlo." Qui, nel corpo vivo dell'autentica poesia, si interpreta il mondo e il mondo si muta.

E questo vi basti.

"La poesia è più facile farla che riconoscerla. Fino a un certo basso livello, la si può giudicare in base ai precetti e al mestiere. Ma la buona, la somma, la divina, è al di sopra delle regole e della ragione. Chiunque ne discerna la bellezza con sguardo fermo e tranquillo, non la vede più di quanto veda lo splendore di un lampo. Essa non seduce il nostro giudizio; lo rapisce e lo devasta." (Michel de Montaigne, *Saggi*)

(*Alias*, giugno 2016)

§

La pianta mozzata

La stephanotis floribunda è rampicante, l'ho appreso trapiantandola.

Regalano alla mia complice una pianta del volgarmente detto 'gelsomino del

Madagascar'. Il vaso che la contiene è piccolo, la pianta soffre visibilmente (sono nipote di contadini e comprendo il linguaggio vegetale), la trapianto tosto in un vaso grande sul balcone.

Esplode, proiettando rami tentacolari in ogni direzione. Assicuro alla ringhiera di ferro fuso un traliccio di canne di bambù, non le basta. Tendo un filo di ferro filato tra la chiostrina e l'ultimo stenditoio, lo arpiona, vi si attorciglia fino agli estremi e li usa come corvi d'abbordaggio dei riccioli di ferro battuto che reggono il balcone della vecchia di sopra e sale, conquista la sua ringhiera, ramifica allegramente, fiorisce generosamente.

Bella di giorno, con le sue foglie carnose verde scuro alternate dai fiori bianchi cerei a forma di imbuto capovolto e coronato da una stella, di notte la stephanotis floribunda è fonte viva di un inebriante profumo. Ragione per cui i suoi fiori sono i preferiti sulla soglia della prima notte. La vecchia non reagisce subito all'assalto, probabilmente bigotta com'è le ricordano il protomartire lapidato dall'apostolo: Stefano infatti viene dal greco Στεφανος e vuol dire corona. Ma poi arriva il frutto.

Su uno dei rami della pianta mia abbracciati al suo balcone cresce un frutto a forma di turgida prugna bipartita (diciamola tutta: a forma di glande). E un pomeriggio raccolgo uno scambio della vecchia con la portiera intorno a "questo coso". "È il suo frutto – la rassicura la portiera anche lei di origini contadine -. Contiene semi che sono molto pelosi, che quando il frutto si apre si lanciano nel vento." Silenzio della vecchia. Dopo qualche giorno incrocio la portiera che sale da lei impugnando una forbice da poto: "Dice che i semi pelosi le entreranno in casa. M'ha chiesto di mozzare dal suo balcone fino dove posso il gelsomino africano."

Da allora, ogni volta che una delle mollette della vecchia piombava sulle mie piante la spezzavo e la lasciavo in bella vista ai suoi occhi. Tu mozzi, io spezzo.

(*Alias*, luglio 2016)

La vecchia pulita

Se n'è andata da un giorno all'altro, la guerra è finita.

La aspettavo al ritorno dalle sue vacanze estive, per vendicarmi tirandola giù attaccata a una tenda o un lenzuolo, o sforbiciando uno dei suoi maledetti sipari in pieno giorno, alla luce del Sole. Niente: è andata a morire di emorragia celebrale su una spiaggia adriatica. Certo, al mare, ossessionata com'era dall'acqua e dalla pulizia. (In questo somigliava, senza saperlo, ad Archimede, che si lavava spesso e morì davanti al mare.)

Vedere si vedeva poco. Dalla strada era più probabile: arrampicata almeno una volta alla settimana, a novant'anni suonati, in cima a una scala a soffietto, intenta a lustrare le sommità delle persiane. O protesa dalla finestra a scuotere strofinacci e pettinare spazzole. Dal cortile invece si intravvedeva appena, quando se ne coglievano dal balcone, il mio sottostante intendo, le mani secche e lente, sempre nell'atto di stendere e mai nell'atto di ritirare. I sipari del cielo.

Si sentiva indirettamente. Gli scarichi del bagno, di mattina prestissimo – dalla cucinetta nella quale preparavo il primo caffè. I trascinamenti inspiegabili del suo mobilio di sera e di notte – oltre il soffitto a crociera della mia camera da letto. Le voci dei giornalisti e degli attori e dei cantanti e degli ospiti della televisione, sorda com'era. E le chiamate della portiera (astuti calchi delle lamentazioni dei lemuri del Madagascar) dalla chiostrina decorata da fioriere tutte scheletricamente vuote di vasi e di piante, per farle lucidare o incerare chissà cosa o chi ancora.

Ogni giorno di tutte le stagioni la vecchia lavava o rilavava qualcosa di lungo e largo e smisurato e lo stendeva tra me e lo spicchio di cielo che mi toccava mentre seduto al computer cambiavo il mondo. Addio Sole, addio nuvole, addio aeroplani, addio uccelli, addio gialli e grigi e rosa e bianchi e azzurri. Ma dico io: come si fa, senza il cielo e i suoi abitanti? Se la tua diventa, da finestra sul mondo, finestra sul cortile, come fai a pensare in grande, a farti i fatti degli altri?

E adesso, cosa sarà la mia giornata senza la vecchia e i suoi sipari?

(*Alias*, agosto 2016)

Leonardo Sciascia cattolico e olimpico

Leggendo Sciascia se ne ricava sempre, per riusare le sue parole, "un dislargo di orizzonte".

Prendete questo *Fine del carabiniere a cavallo*, Adelphi 2016 - una raccolta postuma, curata da Paolo Squillacioti, di brevi saggi letterari dello scrittore siciliano e italiano ed europeo.

Si potrebbero mettere in evidenza la vastità delle letture, la libertà delle associazioni, la precisione delle scritture, di questo autore. E altro ancora. Preferisco qui e ora testimoniare la sua ardita apertura intellettuale e morale, che appunto dislarga l'orizzonte dei lettori pronti a conversare con lui, a cambiare verso con lui, scegliendo i due saggi dedicati simpaticamente a due letterati italiani, uno fascista – Longanesi, e l'altro antifascista – Montale.

Cosa ammirava Sciascia, a suo stesso dire "uomo di sinistra", in Longanesi, un uomo che "aveva fatto sua la componente conservatrice del fascismo"? Il fatto che da lui " è venuta alla generazione a cui appartengo una lezione di anticonformismo e di libertà, un antidoto alla noia, un'informazione sulle cose d'Italia che veramente contavano e sulle cose del mondo di cui il fascismo voleva che gli italiani non si occupassero". Longanesi era fascista, sì, "ma per il resto, quale divertimento nel senso dell'allontanamento, della deviazione, del guardare e dell'andare in altra direzione, e nel senso della ricreazione, dello svago, dello spasso".

Veniamo a Montale: "in un Paese dove i più dicono una cosa e ne fanno un'altra, dove una cosa è il dire e un'altra il fare, dove raramente le pagine somigliano agli uomini che le scrivono, Montale è quasi un'eccezione. È uno dei due scrittori italiani (l'altro è Moravia) di cui mai durante il fascismo mi era capitato di leggere una sola parola di elogio o adulazione, qualcosa che facesse sospettare una qualche larvata o ambigua adesione. In quegli anni ho divorato tutta la carta stampata che mi era possibile raggiungere; e ne ho memoria precisa e feroce. Soltanto Moravia e Montale se ne salvano, soltanto loro hanno primamente nutrito e motivato il mio istinto di avversione al fascismo. Perciò sento per loro una gratitudine come da uomo, come se mi avessero dato un soccorso diretto, un soccorso diciamo fisico."

C'è qualcosa di cattolico, nel senso di cristiano e di universalistico, e di olimpico, nel senso di pontificale e paterno, in questo atteggiamento comprensivo di Sciascia, che valeva anche nei riguardi di singoli intellettuali. Pasolini, per esempio, del quale disse una volta: " Io ero sempre molto d'accordo con Pasolini. Anche quando aveva torto. Ecco."

In questo documentario realizzato per la Rai nel 2000 - *Leonardo Sciascia Autoritratto* - è testimoniato, come dichiarazione in una intervista televisiva, il suo essere molto d'accordo con Pasolini:

http://pasqualemisuraca.com/sito/index.php/documentari/127-leonardoscisciaautoritratto.html?start=1

(*Alias*, settembre 2016)

La verità dei bambini

Di fronte alle violenze fisiche e alle punizioni umilianti inflitte dagli adulti agli adolescenti e ai bambini si comincia finalmente a pensare in Italia ad una legge protettiva dei minori d'età.

Per affrontare bene la questione occorre però allargare subito il campo. Ci sono molte forme di violenza e di punizione da considerare. La più atroce è l'interpretazione che la maggior parte degli adulti adotta, pensando ai minori, del detto di Gesù: "Fai agli altri ciò che vorresti fosse fatto a te."

Gli umani, lo nota a caldo Giovanni Evangelista, "preferiscono le tenebre", cioè le falsità, le illusioni, le consolazioni. E conseguentemente allevano ed educano i figli, e gli studenti, tenendoli quanto più e quanto più a lungo possibile lontani dalla realtà e dalla verità. Facendo, appunto, agli altri ciò che vorrebbero fosse fatto a loro.

Da qui il grande successo dei demagoghi (costruttori consapevoli di menzogne) nei regimi dittatoriali, e democratici, del passato e del presente.

I bambini e gli adolescenti invece, (se avete gli occhi per vedere), amano la realtà e la verità.

Ecco perché, seguitando a riflettere su Gesù (in maniera laica, si capisce: vedi il Vangelo laico secondo Feliciano – https://www.amazon.it/Vangelo-Feliciano-Pasquale-Misuraca-Migliaro-ebook/dp/B076NN14GR - l'ebook che ho scritto con Luis Razeto fondatore dell'economia di solidarietà), il Figlio dell'Uomo, spazientito dai discepoli che sgridavano i bambini allontanandoli, disse loro: "Lasciate che i bambini vengano a me, perché di questi è il Regno dei Cieli", cioè il mondo nuovo possibile.

Pensate che siano frutto della mia immaginazione questi bambini amanti della realtà e della verità? Ascoltate dunque cosa mi ha riferito recentemente un amico di nome Franco Chiarini.

Franco si trova accanto ad una bambina di tre anni e mezzo, ad un funerale. La bisnonna della bambina è morta, è composta sul letto.

La bambina la osserva e dice: "Sembra che dorma, ma la pancia non si muove." La mamma della bambina si avvicina ansiosamente alla bambina e le dice: "Sì, la nonna è morta. Ma è salita in cielo, in cielo c'è il Paradiso, ha incontrato zia Angelina, ti ricordi di zia Angelina? si sono abbracciate, e passeggiano sulle nuvole, ci guardano dall'alto e ci proteggono." La bambina la ascolta attentamente, poi le dice: "Sì, vabbene, ma la verità qual è?"

(*Alias*, ottobre 2016)

§

Il vecchio luminoso

Viveva e vive, al quarto piano della scala a, un uomo curvo.

Incrociandoci nel cortile condominiale labicano ci siamo sempre scambiati un saluto, da parte sua appena sussurrato dalle labbra introverse e molto accompagnato dagli occhi acquosi. L'altro giorno ho scoperto chi diavolo sia stato quest'uomo secco – grazie a una sua video-intervista: http://video.repubblica.it/vaticano/bruno-baratti-il-restauratore-della-sistina-cosi-abbiamo-cambiato-la-storia-dell-arte/245401/245485?ref=HRESS-1

Diamo la parola al vecchio ossimorico. "Come è capitato alla cappella Sistina, in questo lavoro?" "Bella domanda. Sono entrato ai Musei Vaticani come custode. Nel Sessantotto. Dopo due anni che stavo lì sono andato dal direttore e gli ho detto che vorrei cambiar posto perché la vita del custode non faceva per me, e ho avuto il coraggio di dire se mi mandava giù al laboratorio di restauro a fare il ragazzo di bottega. Ha accondisceso."

"Quant'è durato?" "Dal 1980 al 1994. Quattordici anni." "Senta, qual è la sensazione di lavorare tutti i giorni ad uno dei capolavori dell'arte?" "Beh, il senso dell'incoscienza ce l'avevo. Si lavorava tranquillamente, senza nessun affanno." "Voi avete lasciato un pezzo com'era prima, vero?" "No, diversi pezzi…" "Perché li avete lasciati?" "Per far capire com'era prima del restauro." "Molti storici d'arte pensavano che non andasse fatto questo restauro." "Pensavano che Michelangelo fosse un pittore tenebroso, cosa che non era assolutamente vero."

"Michelangelo è stato anche per voi un impegno fisico." "Accidenti… Qualcuno ne paga ancora le conseguenze per il collo. A lavora' a testa in su…" Ecco, ho immaginato per anni che la schiena curva del vecchio vicino derivasse da un sonnolento lavoro a testa in giù, da impiegato. Era invece un eccitante lavoro a testa in su, da restauratore del paradiso e dell'inferno. "Lei si considera un uomo fortunato ad aver fatto questo lavoro?" "Se dico di no il naso mi arriva fino a Civitavecchia."

Avevano dunque torto il cineasta e l'evangelista: non tutti gli uomini *Prefer Blondes* (Howard Hawhs 1953) "preferiscono le bionde" alle brune, e μᾶλλον τὸ σκότος ἢ τὸ φῶς (Gv 3, 19) "le tenebre alla luce".

(*Alias*, gennaio 2017)

§

Il nido nelle radici

Nelle radici pensili di una pianta del balcone labicano i merli hanno fatto il nido.

Sono anni che questa pratica persiste. La pianta sta nel vaso grande e rettangolare, a sarcofago per intenderci, nel quale ho trapiantato anche la stephanotis, condiviso leopardianamente con una miseria, una parietaria, un asparago e un ciclamino immigrato dai boschi Sabatini. La pianta delle radici pensili avrà un nome, ma non lo conosco, l'abbiamo trovata tra le piante indigene acquistando la casa e non c'era il cartellino.

È una pianta invasiva endemica di via Labicana, di cui ha conquistato balconi, terrazze, tetti, marciapiedi, forse cantine e sotterranei (non lo so per certo perché sono claustrofobico e non li frequento). Resiste a tutte le stagioni e non ha bisogno di niente, nemmeno di acqua. E in cambio del niente regala ombrelli-grappoli-orecchini di campanule rosa-viola-indaco, in pieno inverno (al pari del nespolo, che però fa i fiori all'insù). E le radici pensili tutto l'anno questa pianta regala, a chi sa cosa farne. Come questa coppia di merli profughi da un cespuglio di edera e rose del giardinetto dietro il cortile, cancellato da un cittadino al quadrato irritato dalla loro simbiotica vitalità.

Tutte le primavere ed estati questa coppia di merli produce, cova, alimenta ed assiste fino alla volatile indipendenza una serie di allegri merlotti (o merletti, come li definisce la mia poetica complice). Quest'anno ho contato cinque nidiate e sette, vogliamo essere prosaicamente precisi? turdidi merula. Ma è del nido delle radici che desidero oggi particolarmente dirvi. Le sue radici pendule occupavano e preoccupavano i condomini. Possono staccarsi, cadere, ferire. Sporcano. Sono antiestetiche. Attirano insetti. Ho resistito alle frecciatine. Hanno attirato i merli.

Cosa fanno gli umani di solito delle radici altrui? Le tagliano, dividendole dalla pianta viva. E vivono accanto ai fiori mozzati dei mazzi comprati, e le radici seccate disperse. I merli ne hanno fatto la base di nuove vite. Trasformandole. Come occorre fare con i libri, con i morti, con le tradizioni, con la storia, con la memoria. Secondo la lezione di Antoine de Saint-Exupéry (contenuta in Cittadella, un libro tanto bello quanto poco letto): "Tu puoi solo vivere di quello che trasformi. Vivere per l'albero significa prendere della terra e trasformarla in fiori."

(*Alias*, marzo 2017)

Poesie omeriche

In un laboratorio di poesia tenuto da Alexandra Zambà nel Centro Diurno Boemondo di Roma si è finalmente risolta la questione omerica. Ricordiamola riducendola all'essenziale: L'Iliade e l'Odissea sono state scritte da tanti, dal Popolo (tesi democratica) o da uno, dall'Autore (tesi aristocratica)?

Dal laboratorio è nato prima il libro Poesie di Frontiera (La Vita Felice, Milano 2016), e poi il libro bilingue - greco e italiano - Μεθόρια Ποιήματα (Armida Publication Ltd, Limassol 2017), entrambi opera di Alexandra Zambà e altre e altri.

Io l'ho vista costruirsi e nascere questa ricerca. E rendo testimonianza. Alexandra è la donna della mia vita, da mezzo secolo, e da qualche anno tiene un laboratorio di poesia in uno di quei centri dove si curano persone con seri problemi psichici.

Orbene, ascoltando Alexandra raccontarmi nel corso del tempo il progetto del laboratorio e il suo progressivo svolgimento, e leggendo mano a mano le poesie che ne venivano fuori, e infine andando a registrarlo direttamente in audio e video (da cineasta che sono per passione e professione) per ricavarne un documentario, è diventato chiaro che Omero era uno e tanti.

Alexandra apre le danze, orienta i dialoghi, trascrive i versi, compone su un block notes ciò che fiorisce e matura nel laboratorio a partire da un tema, un problema, un sentimento all'ordine del giorno. Il libro raccoglie 43 poesie una più bella dell'altra. E dunque: chi le ha scritte queste poesie? Alexandra e le altre e gli altri. Così hanno fatto i redattori dell'Iliade e dell'Odissea insieme ai loro cantori e rapsodi.

Sì, lo so, qualche 'professore-biciclo' (uso la caustica formula majakovskjana) che sta leggendo a testa bassa questo pezzo, questa testimonianza, sta arricciando il naso e inarcando le sopracciglia. Ehi, amico, c'è poco da arricciare e inarcare. Beccati questa poesia e vai per strada:

Fuori e dentro

Esco / Per dove? / E poi piove e l'ombrello è rosso. / Devo trovare il prato verde / del rosso sfogliare di papaveri / ma è autunno, abbondano i gialli / tremo di freddo, le gambe dribblano / gli occhi tremolano, le parole storpiano / Ehi, amico / te con la testa bassa lo sai? / Chi gira lecca / Chi sta a casa si secca!

La stessa poesia messa in scena nel laboratorio? Ecco:

https://www.youtube.com/watch?v=RsdR5a0YPQo

(*Alias*, agosto 2017)

§

La rivista 'incroci'

Finalmente posso gridare con tanti: 'E basta con la lode del dubbio e dell'incertezza e del ciò che non siamo e non vogliamo!' Questo penso leggendo l'editoriale della rivista semestrale 'incroci' (numero 37, intitolato argutamente *con*certo) , firmato da Lino Angiuli e Daniele Maria Pegorari:

"In epoca sessantottesca e in chiave antiautoritaria, si era imposto uno slogan che suonava grossomodo così: «non ci sono certezze», una parola d'ordine ripetuta come un mantra nelle aule universitarie come nelle sedi di partito, nelle librerie come nei salotti culturali. [Così anticipando] un certo 'pensiero debole', declinazione tardo-novecentesca di quella crisi della modernità in cui confluiscono anche forme di deresponsabilizzazione intellettuale e di qualunquismo ideale. Sarebbe invece il caso di tentare un'inversione di rotta, prendendosi la briga di frugare in cerca di qualche sia pure elementare certezza che possa fungere da lampara dentro il crepuscolo delle idee."

Questa rivista è una di quelle riviste che sognava, dalle parti medesime in cui operano Angiuli ed i suoi complici e collaboratori, in Puglia dico, e precisamente a Turi, Gramsci scrivendo i suoi *Quaderni* tanto noti quanto sconosciuti.

Riviste come nuove istituzioni, non organi che fiancheggino e integrino forze e forme politiche esistenti (magari per riformarle) ma centri produttivi di una nuova cultura e un nuovo processo di aggregazione costantemente espansiva. Ponendo così, il Gramsci scienziato della storia e della politica, la rivista e non il partito al centro della nuova politica, nella misura in cui la rivista è centro di ricerca e creazione culturale e compie direttamente la funzione di direzione intellettuale e morale, mentre il partito politico è essenzialmente centro di organizzazione e propaganda (subordinatamente ad una concezione del mondo data) ed esercita funzioni decisionali e di governo.

(*Alias*, giugno 2018)

§

Lo Stato è infetto, ma non basta disinfettarlo

I politici e i burocrati parlano sempre a favore delle istituzioni esistenti. E intanto le usano per farsi i fatti propri e della propria 'famiglia', e non i fatti degli altri, dei cittadini e dei campagnoli.

Attilio Bolzoni ha pubblicato un "libro maleducato" a proposito del comportamento dei politici e dei burocrati che agiscono nelle istituzioni coltivando il potere infetto. "Maleducato"? – gli chiedo mentre mi dedica una delle sue copie. "Con gli amanti del potere infetto bisogna usare un linguaggio maleducato", mi risponde col suo sorriso greco e arabo.

A me, leggendo Il Padrino dell'Antimafia, sarcasticamente appassionato com'è, m'è venuto in mente Gramsci in carcere, un autore tanto noto quanto sconosciuto.

Il paragone non ti sembri eccessivo, lettore che mi stai leggendo: rispettando tutte le proporzioni, Attilio appartiene al suo stesso tipo intellettuale e morale – quello che svela la corruzione organica del potere e persegue con la sua imperterrita attività la possibilità del Regno dei Cieli qui e ora.

Il libro è la cronaca della persecuzione subita da Bolzoni giornalista esperto di tragedie civili e mafie mascherate, dal 2015 fino ad oggi , da parte dei politici e burocrati siciliani e italiani, e dai loro complici e servi, per aver rivelato che l'Apostolo dell'Antimafia, Calogero Antonio Montante, era un ossimoro vivente: il Padrino dell'Antimafia.

Non ti anticipo i particolari. È un libro trascinante e ricco, di particolari e circostanze, di nomi inattesi e situazioni tragicomiche.

Una sola critica devo muovere a questo memorabile libro civile in soggettiva.
Attilio giornalista e annalista pensa, come Nicola Gratteri magistrato e sociologo (il suo omologo calabrese) che si tratti di 'disinfettare' il potere, di estirpare la 'malapianta' delle mafie. Non basta. Bisogna fare qualcosa di più radicale.

Mentre disinfettiamo lo Stato, bisogna costruire una nuova e superiore struttura del governo politico nazionale e internazionale. La crisi che stiamo vivendo si risolverà alla radice col lavoro convergente di giornalisti e magistrati e scienziati della storia e della politica, e di cittadini e campagnoli, usando bene i Quaderni di Gramsci – quel libro che negli anni Trenta del Novecento ha mostrato e dimostrato che questa crisi è la "crisi organica" dell'intera civiltà moderna.

(*Alias*, aprile 2019)

Edizioni Q

Nella fase agonica della vecchia civiltà moderna il numero degli scrittori ha superato il numero dei lettori. Tradotto in volgare illustre: molti scrivono e pochi leggono.

Per quei pochi sono una mano santa tante piccole case editrici, che vivono a stento "nell'inverno del nostro scontento" (per usare le parole di Shakespeare, uno che ha smesso di scrivere ma non di leggere prima di morire), ma mostrano col proprio lavoro che "è meglio avanzare e morire che fermarsi a morire" (qui parla Gramsci, il pessimista della testa e l'ottimista del cuore).

Ecco, prendiamo la casa editrice Q, della quale ho letto, nell'anno della rivolta del pueblo unido cileno che sta per passare la mano all'anno dell'uscita del Regno Unito dall'Unione Europea, due libri, un dialogo poetico di Ibrahim Nasrallah e un giallo all'osso di Francesca Bettini.

"Io, Salvatore Nardella, brigadiere dei carabinieri, in questi fogli che forse deciderò di buttare e così non li leggerà mai nessuno, prendo nota di un certo fatto…", comincia così *Delitto a Castroforte* della Bettini, uscito ad ottobre nella collana libri di Q, e finisce con "…non ho la forza di decidere. E allora mi alzo e prendo una moneta, la lancio in alto, poi la riafferro e lentamente, molto lentamente alzo il palmo, apro le dita." Questa storia ambientata in un fantastico eppure verosimile paese della Tuscia mi ha fatto riflettere sul fatto che i racconti, in questi anni difficili, somigliano sempre di più a sceneggiature, e la realtà al cinema.

"Hanno sgozzato un uccello là in alto / Sangue sul tronco di palma al mattino / Il cuore si è perso…", comincia così *Specchi degli angeli* di Nasrallah, uscito a febbraio nella collana Zenit (tradotto da Wasim Dahmash e prefato da Pina Rosa Piras), e finisce con "…Del molto che c'è / Qui non vogliono che il minimo: / scalare la montagna."

Questo libro di poesie di uno scrittore nato nel 1954 ad Amman in un campo profughi, trascrizione del dialogo tra una bambina palestinese ancora in culla colpita a morte nel corso di un bombardamento e il suo angelo custode, mi ha fatto spesso sentire-e-pensare che è il cuore dei bambini innocenti "il paese più straziato" (Ungaretti).

E allora ti auguro lunga vita e buona lettura, "ipocrita lettore, mio pari, mio fratello"

(Baudelaire), e di non volere mai niente di meno del minimo: scalare la montagna.

(*Alias*, dicembre 2019)

§

Roberto Finelli filosofo ambizioso

Roberto Finelli si autodefinisce marxista dionisiaco (e non marxista e basta, come i marxisti del tempo che fu). E c'è di più: il marxismo del Marx giovane non lo convince, del Marx maturo sì.

Al Marx del Capitale intreccia l'etica incarnata di Spinoza e il giovane Freud della Interpretazione delle afasie, e viene fuori un paniere filosofico ambizioso, consistente, originale.

Dal suo recente libro *Per un nuovo materialismo. Presupposti antropologici ed etico-politici*, (Rosemberg & Sellier 2018), ho ricavato molto, come sempre accade spremendo i ricchi e i limoni. Il maggiore esito suo? A me pare questo: tentare la fondazione di un materialismo che non prenda le mosse dalla ragione ma dai sentimenti, non dalla mente ma dal corpo. Un corpo dionisiaco. (Dioniso dio della liberazione dei sensi.)

Giorni fa ne abbiamo discusso francamente ed io, dopo una aperta apologia, gli ho mosso due critiche. L'ho fatto perché, sebbene il libro si presenti come l'apice delle ricerche filosofiche di una vita, penso che lo continuerà e ripenserà, criticamente e autocriticamente. E forse addirittura smetterà di scrivere 'in latino', per i colleghi e gli intellettuali per professione, e scriverà 'in volgare illustre', per i giovani e le donne e gli intellettuali per passione. Se così sarà, ecco un titolo chiaro e tondo: "Ogni nostra cognizione prencipia dai sentimenti" (Leonardo da Vinci).

Critica seconda. Il libro di Roberto non risolve la contraddizione fondamentale che incrina tutto il pensiero di Karl. Lo dico con Eric Hobsbawm (Convegno gramsciano del 1977): "il campo della politica era analiticamente secondario per lui" mentre "nella prassi di Marx la politica era assolutamente primaria".

Ma torniamo all'apologia, leggendo uno dei tanti brani illuminanti: "L'amore di sé quale presupposto e condizione trascendentale dell'amore dell'altro: il riconoscimento di sé quale priorità e condizione del riconoscimento dell'altro. Questo è il principio costituzionale, dal lato del diritto alla soggettività e alla persona, che deve caratterizzare il nuovo paradigma. E che mostra, in chiave critica, la dimensione patologica e violenta dell'amore secondo il cristianesimo, coniugato nella versione del sacrificio e della rinuncia a sé per amore del prossimo. Come mostra, da un altro lato, l'arretratezza e l'arcaismo dell'antropologia del cosiddetto comunismo reale…"

(*Alias*, gennaio 2020)

§

Le personagge secondo Laura Ricci

Cos'è un 'saggio', in letteratura? Un breve testo critico su un argomento. Laura Ricci ha scelto come argomento del suo libro più recente le personagge letterarie: *Sempre altrove fuggendo. Protagoniste di frontiera in Claudio Magris, Orhan Pamuk, Melania G. Mazzucco* (Vita Activa 2019).

È un libro di genere, è un libro degenere. Libro di genere nel senso che propone "un gentile pacato femminismo della differenza". Libro degenere nel senso che – sono ancora d'accordo con lei – è "un saggio non convenzionale", una combinazione di generi.

E se è vero, come è vero, che "un personaggio, una personaggia, sono tanto più riusciti quanto più invadono la vita di chi legge", vi avverto che leggendolo sarete vitalmente invase invasi dalle "protagoniste di frontiera" di Magris e Pamuk e Mazzucco.

Descrivere un libro che descrive e riassumere un libro che riassume sarebbe per me divertente, divertito ammiratore come sono delle *Descrizioni di descrizioni* di Pier Paolo Pasolini e delle *Tesi di filosofia della storia* di Walter Benjamin. Preferisco spendere le poche parole che restano di questa 'saetta' sul carattere "degenere" dell'opera saggistica della Ricci.

All'interno della quale sento circolare la benedetta aria indisciplinata e sperimentale che soffia oggi, in Italia, in molti ambiti, in molte arti, e in letteratura come nel cinema – per tirare in ballo un'arte che pratico per professione e per passione. Rendo testimonianza.

Nel giugno del 2019, alla 55esima Mostra del Nuovo Cinema di Pesaro, si è provato a santificare il genere 'commedia all'italiana', tentativo rintuzzato da alcuni critici e storici presenti, primo fra tutti Adriano Aprà, ideatore del movimento cinematografico Fuorinorma. Come autore del cinema cappuccino (che non si capisce dove finisce il genere documentario e comincia il genere film) e per oppormi al fascismo venato di razzismo e nazismo dei salviniani e meloniani e casapoundiani di vario ordine e grado, in quella sede ho apologizzato il cinema fuorinorma in quanto arte degenere.

Non a caso, nella mostra dell'arte degenerata allestita dal regime nazista nel 1937 c'erano anche opere di Paul Klee, autore dell'*Angelus Novus* della nona tesi di filosofia della storia di Benjamin. E *Angelus Novus* si intitola il mio primo film, sulla vita e la morte di Pasolini – noto degenerato come uomo e come artista.

(*Alias*, febbraio 2020)

Lino Angiuli poeta intero

Tieni d'occhio le librerie, fratello lettore, sta per arrivare ADDIZIONI di Lino Angiuli, il suo quindicesimo libro di poesia – edito a Torino da Nino Aragno, come meglio non si può.

L'ho letto per intero in anteprima e ne rileggo spesso una poesia – tengo come tutti un cellulare, per le comunicazioni urgenti, ma leggo e rileggo i grandi libri, per le espressioni commoventi.

E questo libro ne è colmo, perché questo settantenne poeta pugliese e italiano e mediterraneo non si decide a invecchiare una volta per tutte, anzi sta rifiorendo come ogni primavera fanno le sue amate sorelle piante – non per caso l'ho nominato in un documentario che trovate su youtube 'Lino Angiuli poeta del vegetalesimo.'

Di-cosa-e-come parla il libro (essendo l'arte quell'attività in cui forma e contenuto sono una sola cosa) leggerai nella esemplare Postfazione di Daniele Maria Pegorari – dico leggere dopo aver letto il libro: le postfazioni, come le prefazioni, sono quelle cose che si scrivono dopo e si leggono dopo, come il poetare dopo l'amare.

Io qui aggiungo qualcosa su Lino Angiuli intellettuale tutto intero. Poeta. Scrittore. Curatore. Saggista. Antologizzatore. Ideatore e organizzatore e direttore di riviste.

Non basta: Lino, che ho avuto la fortuna di conoscere da qualche anno – in uno di quei luoghi di perdizione che sono i festival di poesia -, gioca con le parole non solo sulla carta, ma anche nella vita, parlando, epistolando, emailando, telefonando, conviviando.

Fattelo amico, lettore, e parlaci e ascoltalo, esistono ancora persone tutte d'un pezzo, e sai cosa li tiene interi, in questo mondo di uomini a metà? La volontà di bellezza. Che non è la pelle della cosa, il suo vestito, bensì la sua testa-cuore, il suo respiro.

Come? Almeno un assaggio di questi versi? Eccolo:

Trapassare dalla carne al verde che vuole giustizia

oppure pettinarmi i capelli come fossero di miglio

per questo continuo a dissodare gli alba pratalia

a sparpagliare vocali per raccogliere verbi di carta

tra il concime stallatico e gli inchiostri di giornata

Tra il concime stallatico e gli inchiostri di giornata

quando viene il tempo che il sole ce la mette tutta

allora io corteggio la zucchina vergine in calore

allora io scrivo pure per l'animella del cetriolo

lo preferisco al canto funebre del callo sinistro

(*Alias*, marzo 2020)

§

Un film nato da un sogno

In questi giorni di coronavirus, chiuso in casa, ho finito l'opera delle mie opere cinematografiche, e la regalo telematicamente al maggior numero possibile di spettatori, pubblicandola su YouTube.

Si intitola «Vita e morte e miracoli di Eftimios», e inizia con un breve video: entro in campo in una stanza, inquadrato dalla mia digitale posta su un cavalletto, mi siedo e guardando in macchina parlo (trascrivo l'essenziale):

Questa mattina, 2 novembre 2019, ho fatto un sogno. Mi trovavo proprio qui, entravo in campo, mi sedevo e parlavo dell'adolescenza, di Pasolini, di Bauman…

A un certo punto, riflettendo sull'adolescenza e gli adolescenti, ho cominciato a parlare di Eftimios figlio mio morto adolescente, ho ripetuto il suo nome più volte, ed ecco, dietro la digitale che mi registrava nel sogno e che mi sta registrando, ho visto apparire Eftimios!

Ho provato ad alzarmi ma Eftimios mi ha detto: — No, papà, non puoi farlo, perché i vivi e i morti possono sognarsi e nel sogno vedersi e parlarsi — a questo servono i sogni — ma nella realtà non possono toccarsi, abbracciarsi… Siamo divisi, come davanti allo specchio dal vetro, come nel cinema dallo schermo. E mentre lo ascoltavo, ho sentito che suonavano alla porta, in sogno, e gli ho detto: — Va bene, Eftimios, però ascolta: non scomparire. Non possiamo abitare lo stesso spazio, facciamo così: io esco a destra e tu entri a sinistra, scambiamo i nostri due spazio-tempo…

E così abbiamo fatto nel sogno: sono uscito dall'inquadratura, Eftimios è entrato, si è seduto qui al posto mio e si guardava intorno… e si sentiva il mio allontanarsi e aprire la porta e poi avvicinarsi dei passi ma non i miei passi, i tacchi di una donna si sono avvicinati, e quando sono arrivati in primo piano Eftimios ha guardato dietro la digitale, ha visto sua madre, Alexandra, che è entrata in campo e lo ha abbracciato e baciato…

Ecco. Mentre raccontavo in video questo sogno mi è diventato chiaro che la figura di mio figlio, la sua vita e i suoi miracoli, il rapporto tra noi, hanno costituito il fuoco gravitazionale di tutte le mie opere di cinema e televisione, sono andato a rivederle, le ho montate come tessere di un mosaico, ho realizzato il film-documentario di 1 ora e 36 minuti che ora potete vedere e ascoltare liberamente al seguente indirizzo telematico:

https://www.youtube.com/watch?v=e5hreaIQvy4&t=2s

(*Alias*, aprile 2020)

Dialoghi impossibili. Gramsci e lo studente.

Luglio 2020. Interno notte. Suona il telefono della Casa Museo di Antonio Gramsci a Ghilarza.

Pronto?

Sì. Chi sei?

Uno studente universitario. Vengo a Ghilarza il 4 luglio. Vorrei prenotare la visita.

Sono andati via tutti a quest'ora… Ma lasciami il tuo nome. Sto scrivendo…

Gennaro. E tu chi sei, se tutti sono andati via?

Antonio Gramsci.

Come hai detto?

Hai sentito bene. Tutte le notti di tutte le estati torno qui, nella casa della mia infanzia e adolescenza…

È la tua casa, lo so. Mio padre è comunista, quando ero bambino mi ha letto le tue lettere dal carcere raccolte in un libro intitolato L'albero del riccio.

Io comunista lo sono stato da giovane. Cosa studi in particolare?

Storia e sociologia.

Sono contento per te, studiare è commovente e liberatorio - conoscere per trasformare è la mia passione. Auguri, Gennaro.

No! Aspetta. Posso chiederti qualcosa?

Certo. Ma… non hai sonno a quest'ora?

Studio volentieri di notte, Antonio - il silenzio mi concentra.

Bene, dimmi allora.

Ascolta: da quando sei morto, hai visto cosa succede nel mondo?

Sì. Non posso fare, ma posso ascoltare e vedere.

E che ne pensi?

Di cosa precisamente, Gennaro?

Della crisi, la grande crisi che ha colpito il mondo a partire dai subprime, dal 2006…

Hai letto i miei *Quaderni?*

Ho cominciato. Ho visto che anche tu parli di una grande crisi, quella del 1929.

Gennaro, la crisi che sconvolge il mondo oggi è quella stessa crisi. Ed è nata prima del 1929.

Ah sì? E quando?

Della crisi come tale non vi è data d'inizio, ma solo alcune manifestazioni più clamorose che vengono identificate con la crisi. L'autunno del 1929 col crack della borsa di New York è per alcuni l'inizio della crisi. Ma tutto il dopoguerra è crisi, con tentativi di ovviarla, che volta a volta hanno fortuna in questo o quel paese, niente altro. Per alcuni (non a torto) la guerra stessa è una manifestazione della crisi, anzi la prima manifestazione; appunto la guerra fu la risposta politica ed organizzativa dei responsabili.

Responsabili di che?

Responsabili politici ed economici e culturali della "crisi organica", come l'ho nominata io. Oggi siamo arrivati alla sua fine: alla fase agonica della crisi della civiltà moderna…

Cioè, aspetta, la crisi… organica… è la crisi dell'intera civiltà moderna?

Sì.

E quindi?

E quindi bisogna fare oggi ciò che hanno fatto tra Quattrocento e Cinquecento una miriade di intellettuali di ogni ordine e grado per superare la crisi della civiltà medievale - con la costruzione della civiltà moderna, appunto. La storia del mondo è storia di civiltà che si succedono in dissolvenza incrociata.

E come mai i marxisti, i comunisti questo non l'hanno capito?

Il concetto di crisi di civiltà è loro estraneo. I marxisti e i comunisti volevano compiere nella civiltà moderna ciò che i liberisti, i borghesi, non erano riusciti a compiere. Non avevano in mente la costruzione di una nuova civiltà.

Vero. Nemmeno Marx parla di questo.

Marx ha capito molto, Gennaro, e molto non ha capito.

Fammi un esempio.

Non ha capito la funzione complessa dello Stato. Lo riduceva alla 'forza' e non comprendeva il 'consenso'. Lo immaginava semplice organizzazione della forza fisica della classe dominante in funzione del dominio di classe.

E per te cos'è lo Stato?

Tutto il complesso di attività pratiche e teoriche con cui la classe dirigente giustifica e mantiene il suo dominio non solo ma riesce a ottenere il consenso attivo dei governati.

Ma il Mercato l'aveva capito, no?

Non aveva capito quanto e come il Mercato è regolato dallo Stato. Mercato determinato è un determinato rapporto di forze sociali in una determinata struttura dell'apparato di produzione, rapporto garantito e reso permanente da una determinata superstruttura politica, morale, giuridica.

E la politica?

Secondo Marx per capire il mondo è decisiva l'economia, la struttura, e per cambiare il mondo è decisiva la politica, la sovrastruttura. Una contraddizione. Un mondo diviso in due.

Cioè? Non è grande l'idea della struttura e sovrastruttura?

No. Non spiega come nasce il movimento storico. Se la sovrastruttura ideale riflette la struttura materiale non si capisce da dove vengano fuori le innovazioni. Le innovazioni e il movimento storico si spiegano se si sostituisce alla 'struttura materiale' un altro concetto: le 'condizioni materiali e ideali', ed alla 'sovrastruttura ideale' un altro concetto: le 'iniziative razionali'. Il rapporto concreto tra le condizioni e le iniziative è costruito attivamente dagli intellettuali, intesi come gli organizzatori di ogni ordine e grado. Ecco.

Mhm… E tu parli di questo nei Quaderni?

Sì. Ma più in generale critico radicalmente il marxismo, e anche la sociologia, e le loro idee delle leggi della storia e della società, e inizio la costruzione di una nuova scienza, la scienza della storia e della politica. Leggi, capirai, se vuoi capire.

Aspetta. Ma tu, non eri marxista e comunista?

Da giovane, sì. Ma quando sono stato arrestato dai fascisti e messo in carcere, mi sono chiesto: ma perché i comunisti sono stati sconfitti dai fascisti? Altri marxisti, altri comunisti, hanno dato la responsabilità della sconfitta ai fascisti e alla loro violenza, ai padroni e al loro egoismo, alle masse e alla loro ignoranza. Io ho riflettuto autocriticamente sulle responsabilità nostre, politiche e intellettuali e morali, Gennaro.

Insomma il marxismo non basta a risolvere i problemi del capitalismo.

No. Il marxismo è in crisi perché è insufficiente come teoria.

E i marxisti non hanno capito il tuo nuovo modo di pensare nei Quaderni?

Hai visto la foto che i marxisti hanno messo sulla copertina dell'edizione critica dei Quaderni ? Una mia foto tessera del 1916, non la mia foto segnaletica carceraria del 1933. Per dire che io scrivendo i Quaderni pensavo esattamente ciò che pensavo da giovane.

E perché gli intellettuali di sinistra non hanno sviluppato questa tua ricerca?

Perché non studiano la realtà e non costruiscono opere di scienza nuova. Sono disfattisti.

Secondo te non è puro disfattismo trovare che tutto va male e non indicare criticamente una via d'uscita da questo male? Un intellettuale ha un modo d'impostare e risolvere il problema: lavorando concretamente a creare quelle opere scientifiche di cui piange amaramente l'assenza, e non limitarsi a esigere che altri (chi?) lavori.

I marxisti, vabbene, ma i sociologi? Loro l'hanno analizzata questa crisi, no? Che mi dici di Zygmunt Bauman?

Bauman ha descritto certe manifestazioni della crisi nella sua forma presente. Ma nella scienza non bastano i come, le fotografie, servono i perché, i concetti. "Svuotati di potere e sempre più indeboliti, i governi degli Stati sono costretti a cedere una dopo l'altra le funzioni un tempo considerate monopolio naturale e inalienabile degli organi politici statali", ha scritto Bauman. È così, ma perché è successo non lo spiega.

Cioè non sa cos'è questa crisi?

Secondo lui la crisi è inconoscibile da chi la vive: "L'inizio o la fine di un'era non sono conoscibili da chi vi si trova immerso."

Che devo fare allora? Non devo studiare il marxismo, la sociologia, la storia?

Certo che devi studiare. Tutte le scienze sociali, che sono ricche di descrizioni. Ma non bastano le scienze date. Occorre sviluppare nuove scienze, e nuove arti. Come hanno fatto Machiavelli e Galileo, Brunelleschi e Masaccio… Occorre ripensare tutto, e rimettersi all'opera, quando tutto è o pare perduto, ricominciando dall'inizio. Ripensa tutto e ricomincia dall'inizio anche tu, Gennaro.

Ci penserò sopra e sotto. Grazie, Antonio. Che farai ora, dopo la telefonata?

Uscirò a fare quattro passi sotto la luna piena. Andrò nel meleto vicino, a vedere se c'è qualche famiglia di ricci che raccoglie le mele nuove. Stammi bene.

(*Alias*, giugno 2020)

Dialoghi impossibili. Caravaggio e la locandiera.

Napoli, dicembre 1609. Interno giorno. Di ritorno da una camminata sulla Collina di Camaldoli per svaporare il cervello, Caravaggio trova nella stanza dove alloggia la locandiera con il lenzuolo in mano — sta rifacendo il suo letto, imbambolata davanti al quadro di due figure a grandezza naturale che ha finito di dipingere la sera prima.

Locandiera *(a Caravaggio)*: L'hai fatto tu, questo?

Caravaggio: - Sì.

Locandiera: Chi è quello con la testa mozzata tenuta dal ragazzo?

Caravaggio: Golia.

Locandiera: Golia il gigante? Quello della Bibbia?

Caravaggio: Sì.

Locandiera: Perché gli hai dato la tua testa? Che c'entra lui con te?

Caravaggio: Mi sento come lui.

Locandiera: Ah… Tieni paura che t'ammazzano? T'hanno bastonato di brutto, stanotte… il lenzuolo è pieno di sangue…

Caravaggio: Due ubriachi, due disgraziati… Ma non tengo paura.

Locandiera: Allora perché non ti sei messo nel Davide? Davide teneva meno anni di te, certo… Perché un ragazzo fa la parte di re Davide?

Caravaggio: Davide sono io. Così ero, da ragazzo.

Locandiera: Non ti capisco. Come fai ad essere due persone?

Caravaggio: Ora sono uno che ha perso tutto, a vent'anni volevo diventare come un re.

Locandiera: Anch'io volevo diventare. Non mi figuravo di finire così (*allargando le braccia e gettando il lenzuolo sul letto*)

Caravaggio: Tieni un tetto, tu, e una famiglia... una casa... come me da ragazzo... Poi mio padre non se l'è portato via la peste.

Locandiera: Tengo casa, sì... è una palla di condannata però. Tu invece viaggi, vedi il mondo, fai una vita aperta... Oggi stai qui, domani dove sarai?

Caravaggio: A Roma, se mi lasciano arrivare...

Locandiera: Io non ci sono mai stata... (*tornando a guardare il quadro*) È bello. Ed è strano... Com'è che Davide tiene un dolore? Ha ucciso Golia, diventerà re, e non l'hai fatto vittorioso, superbo, contento...

Caravaggio: Hai mai scannato un agnello, un capretto? Non hai provato dolore, tu?

Locandiera: Sì. Non li compro mai vivi... E com'è che Davide non l'hai vestito all'antica ma come si usa oggi?

Caravaggio: Perché? Lo vuoi proprio sapere? Ascolta: se dipingo un personaggio storico coi vestiti del tempo suo, chi guarda il quadro pensa che quella storia è accaduta in un posto lontano e nel passato, come nelle favole. Ma se invece lo dipingo vestito come chi lo sta guardando, qui e ora, allora non è più una favola quella, è la realtà del mondo, è la verità della nostra vita, ora e qui...

Locandiera: Vero! M'hai fatto prendere un colpo, quando sono entrata e ho visto il quadro! Ma il campo di battaglia, dove sta? È tutto buio, non c'è nessuno intorno.

Caravaggio: L'Inferno è vuoto.

(*Alias*, settembre 2020)

Dialoghi impossibili. Elena e il professore

Pausa dei lavori di un convegno su Omero autore dell'Iliade. *Un uomo serio, barbuto, anziano, legge un libro seduto ad un tavolo del bar. Avanza una donna eccessivamente bella e doppiamente fiorita, gli domanda se può condividere il tavolo.*

Lui: La prego!

Lei poggia sul tavolo una pianta fiorita di basilico greco, e si accomoda in una seconda sedia.

Lui: Posso chiederle in che veste partecipa al convegno? Si occupa di poesia?

Lei: In un certo senso… Mi interessa il problema dell'autore – dell'identità di chi aumenta la bellezza e la conoscenza del mondo…

Lui: Se autore è chi aumenta la bellezza del mondo, lei certamente lo è…

Lei: Grazie dell'encomio… Sosterrà una tesi particolare sull'identità dell'autore dell'*Iliade*?

Lui: Una tesi… particolare e generale: gli autori o sono grandi o non sono, e dunque gli autori di opere sono pochi - diversamente da ciò che pensano i milioni di partecipanti ai social network, che tutti si ritengono autori in quanto pubblicano parole o immagini o faccine… Tra i vertici inaccessibili della letteratura, dell'arte, della scienza, della filosofia, e la base comune dei terrestri c'è l'abisso…

Lei: Capisco… E per il resto ci sono i professori, i sacerdoti di questo abisso…

Lui: Se vuole. I più democratici tra questi sono i pontefici dell'abisso…

Lei: Io ritengo invece che gli autori dell'*Iliade* siano molti, e Omero sia soltanto l'ultimo dei molti - chi ha raccolto, ordinate, montate, riscritte le tante opere, figurate prima, cantate poi, ed alla nascita delle città e delle scritture stese alfabeticamente…

Lui: Omero soltanto ultimo autore… Mhm… E il primo autore, chi è stato?

Lei: Lo dice Omero stesso.

132

Lui: Davvero? E dove?

Lei: Nell'*Iliade* - laddove scrive che Elena, sugli spalti di Ilio "tesseva una tela grande / doppia, di porpora e ricamava le molte prove / che Teucri domatori di cavalli e Achei chitoni di bronzo / subivano per lei…"

Lui: Mhm… Colei che suscita vivendo prima e racconta ricamando poi ciò che accadde a Ilio… Elena motore e primo autore dell'*Iliade*… Ci penserò… Ci rifletterò… Posso presentarmi? Sono il professor Tal dei Tali.

Lei: Io non sono più, come persona, e tuttavia sono ancora, in quanto personaggio. Il mio nome è Elena.

Si alza, prende la pianta sottobraccio e si allontana, lasciando al professore esterrefatto il profumo di entrambe.

(*Alias*, ottobre 2020)

§

Dialoghi impossibili. Kafka e Ovidio

A Roma, in via Merulana, quella del libro barocco *Quer pasticciaccio brutto* e del film surrealista *Il Negozio*, c'è anche la libreria mitologica 'La Fenice'. Ieri l'altro ci sono entrato - mascherato - e vi ho trovato Kafka e Ovidio, entrambi mascherati anche se sono morti e non possono morire più.

Li ho individuati a colpo d'occhio perché Kafka, magrissimo, teneva in mano il poema mitologico *Le metamorfosi* di Ovidio, e questo, cicciottello, da parte sua il racconto surreale *La Metamorfosi* di quello – e si guardavano stupefatti e divertiti.

133

Facendo il vago mi sono avvicinato un po' e ho colto il seguente breve dialogo.

Ovidio: Salve. Ho apprezzato molto la sua *Metamorfosi*.

Kafka: Dank. Senza le sue *Metamorfosi* la mia non sarebbe mai nata.

Ovidio: Mi ha dato molto da pensare il suo racconto. Mi sono chiesto non cosa volesse dire veramente scrivendolo, perché questo un vero scrittore non lo sa mai esaurientemente, ma cosa lo ha innescato.

Kafka: La mia malattia.

Ovidio: La tubercolosi? Ma le è stata diagnosticata nel 1917… il racconto lo ha pubblicato nel 1915…

Kafka: La diagnosi medica è una cosa, altra cosa è la scoperta che gli altri ti guardano in una maniera nuova, strana, vagamente timorosa e guardinga… mantenendo la distanza sociale… Accadde dieci anni prima della sua scrittura.

Ovidio: Lo sguardo degli altri… certo… Lei ha curato da sempre il corpo, poca carne, niente alcool, digiuni, nuoto, ginnastica… – pensi che l'ho riconosciuto dalla leggendaria magrezza, prima ancora di intravvedere nelle sue mani le mie *Metamorfosi*.

Kafka: Il corpo… i suoi organi intelligenti… A vent'anni ho orecchiato una trattativa tra il mio cervello e i miei polmoni. 'Alleggeritemi del peso delle preoccupazioni che mi levano il sonno, così andremo avanti ancora un pochino – disse lui – La mia vita è tutta un dormiveglia…' E i polmoni risposero ammalandosi.

Ovidio: Continuiamo i nostri dialoghi fuori, alla fuggevole luce di questa ottobrata romana?

Kafka: Volentieri. Vorrei chiederle qualcosa sul suo racconto 'Ciparisso e il Cervo'. Prego, La seguo.

Escono, poi esco anch'io, li vedo risalire via Merulana fino a Panella, il gran fornaio che fa i pani e i biscotti di fianco a ciò che resta degli Orti di Mecenate, sedersi a un tavolo. Vado ad occupare un tavolo a loro vicino.

Vi riferirò la prossima volta il seguito del loro dialogo impossibile.

(*Alias*, novembre 2020)

§

Dialoghi impossibili. Ovidio e Kafka e Ovidio

Ovidio e Kafka, usciti dalla libreria romana La Fenice, continuano a dialogare sui libri loro intorno alle metamorfosi di umani e divini, prima passeggiando lungo la via di *Quer pasticciaccio brutto* inteso come libro e de *Il Negozio* inteso come film, e poi sedendo ad uno dei tavoli di Panella – che si trova al fianco dell'Auditorium di Mecenate.

Ovidio, naturalmente offrendo le consumazioni – in qualità di membro del circolo letterario di Mecenate - ha ordinato un cappuccino (quella bevanda che non sai dove finisce il latte e comincia il caffè), e Kafka una spremuta di mapo (quella bevanda che non sai dove finisce il mandarino e comincia il pompelmo).

Nella libreria, Ovidio aveva chiesto a Kafka cosa lo avesse mosso a scrivere *La Metamorfosi*, ora al bar Kafka ricambia la cortesia chiedendo a Ovidio del racconto 'Ciparisso e il Cervo'.

Kafka: Mi sono spesso chiesto non cosa volesse dire veramente scrivendolo, perché questo un vero scrittore non lo sa mai esaurientemente, ma cosa lo ha innescato.

Ovidio: Il comportamento di un amico siciliano, uomo amorosamente eccessivo.

Kafka: Eccessivo… come Ciparisso?

Ovidio: Proprio.

Kafka: 'Eccessivo' in italiano equivale al latino 'imprudens'? Lei scrive 'puer imprudens' nel suo racconto, per definire Ciparisso. Ma 'imprudens' non significa propriamente 'colui che non prevede'? Ciparisso uccide il Cervo amatissimo perché non ha saputo prevedere che il giavellotto scagliato da lui stesso lo avrebbe ucciso?

Ovidio: Ciparisso desiderava ucciderlo.

Kafka: La morte del Cervo non è stata accidentale?

Ovidio: No. Ciparisso non lo sapeva, ma lo sentiva, che doveva ucciderlo. Perché lo amava troppo. Si può sopravvivere al difetto d'amore, non all'eccesso d'amore. E l'amore che Ciparisso provava per il Cervo lo trascinava sempre più nel vortice d'una insostenibile eccitazione.

Kafka: E perché proprio nell'albero cipresso Ciparisso sarà trasformato?

Ovidio: Il cipresso è sempreverde ed emana il fetore della morte, richiama i vivi e lascia dormire i morti: le sue radici scendendo a fuso nella terra non invadono le fosse cimiteriali, e la resina sul suo fusto assume la forma di goccioline del tutto simili a lacrime. Lacrime d'amore.

Kafka: Prosit!

Ovidio: Prost!

(*Alias*, dicembre 2020)

Pensieri haiku

Anche mozzato
fiorisce nel bicchiere
il basilico.

Toda la vida
me parece de lejos
entretenida.

Tutta la vita
mi sembra da lontano
divertente.

Solo nel verso
scorro sempre uguale
sempre diverso.

Que bueno sería
olvidarte y descu-
brirte todavía.

Che bello sarebbe
dimenticarti e risco-
prirti ancora.

Il cipresso sta
guardia di non so quale
delle due città.

le margherite
il fiato del meltemi
i crisantemi

Fior di sambuco.
Dalla farfalla a volte
nasce un bruco.

Clicca 'Mi piace'
a destra e a manca
e si compiace.

Il vecchio Sole
e la trottola Terra.
Visti da dove?

È sera. Tutte
le lucciole del mondo
non fanno giorno.

Vivo sicuro
soltanto del passato
e del futuro.

Sa già di fiori
la vecchia viva dentro
e morta fuori.

Il riflettore
acceca gli occhi ma
scalda il cuore.

Nullu mbiscatu
cu nenti sugnu ora
ca non mi senti.

Nessuno mischiato
con il niente sono ora
che non mi senti.

(dialetto della costa ionica della Calabria)

Per annegare
lascia la pozzanghera
scegli il mare.

Vale la pena
la morte se la vita
vive appena.

La mia fortuna:
dopo tanto dolore
di te - si muore.

Il tuffo svela
tardi al trapezista
la ragnatela.

Le immagini
resistono, più dure
delle figure.

Vivo contigo
amando como Jesùs
al enemigo.

Vivo con te
amando come Gesù
il nemico.

Taglia la corda
tessendola il poeta
baco da seta.

Lo sguardo sale
traversando l'invito
in diagonale.

Me voy – deciste
olvidaràs mis ojos.
Pero mentiste.

Vado via - hai detto
dimenticherai i mei occhi.
Ma hai mentito.

Me gusta verte
sin ser visto, incluso
despúes la muerte.

Mi piace vederti
senza essere visto, persino
dopo la morte.

Aforismi

Il numero degli scrittori ha superato il numero dei lettori.

Gli alberi cadono quando le radici non sono ampie quanto le chiome, gli umani quando le attività non sono ricche quanto i desideri.

Ascoltare vuol dire considerare provvisorio ciò che si sa.

L'attività afferma, la reattività rafferma.

La vita umana è una commedia. Infatti finisce bene, finisce con la morte. La vita umana senza la morte sarebbe una tragedia.

L'uomo è la misura di tutte le cose, la donna di tutte le rose.

L'unione fa la forma.

Le donne ci distraggono, è vero. Ma c'è di peggio: si distraggono.

Aveva una doppia vita. Era ateo, ma non voleva essere da meno di un religioso.

Il fucile ha reso democratica la guerra. Il blog renderà democratica la politica.

I falsi maestri vanno seguiti, i veri maestri vanno inseguiti.

La credenza nei miracoli si basa sull'idea che le leggi naturali non sono eguali per tutti.

Gli esseri umani che scelgono di cambiare se stessi invece di cambiare il mondo peccano di modestia.

Quando uno muore, gli altri lo sistemano. Nella bara, nella memoria. La bara e la memoria servono precisamente a questo, a sistemare i morti secondo i bisogni e i sogni dei vivi. Facciamo agli altri ciò che non vorremmo fosse fatto a noi, e sarà fatto.

Come le nuvole ci consentono di sostenere la vista del Sole, così la realtà ci aiuta a sopportare la verità.

Non è sempre peccato dire bugie, è sempre peccato costringere a dire bugie.

Il romanziere parla del mondo per parlare di sé, il poeta parla di sé per parlare del mondo.

I ricchi e i poveri sono diversamente ossessionati. I ricchi cercano di distinguersi a tutti i costi dai poveri, i poveri cercano di somigliare in tutti i modi ai ricchi.

Solo i primi sanno fare i secondi.

Le chiese non tendono a religare il genere umano, ma a rilegare le sue divisioni.

I ricordi dei figli ricadono sui padri.

I sogni non sono fatti per essere interpretati, tantomeno per essere realizzati. Sono fatti per scombussolare le interpretazioni e le realizzazioni.

Lo stile non è qualcosa che si costruisce a tavolino - è il modo di stare seduti al tavolino.

I professori sognano un mondo di studenti e professori. Gli studenti sognano un altro mondo.

Le questioni teoriche producono l'unità del genere umano.

La vita è il cinema a cui sono stati restituiti i momenti lunghi.

Nota autobiografica

Sono nato nel 1948 a Siderno, un paese della Calabria ionica. Tengo una complice, Alexandra Zambà, tre figli, Eftimios – che c'è e non c'è - e Nefeli e Sofia, e una trentina di amici sparsi sul pianeta Terra. Vivo e lavoro quasi sempre a Roma. Per professione e vocazione ho fatto il docente, il cineasta, lo scienziato della storia e della politica, il poeta e il potatore di roseti pubblici.

Ho realizzato, fra altre, queste opere: **Film**: *Angelus Novus*, Festival de Cannes 1987; *Non ho parole*, Internationale Filmfestspiele Berlin 1993; *Vissi d'Arte*, Mostra Internazionale del Nuovo Cinema di Pesaro 2005; *Videodiario di un Re prigioniero*, International Film Festival Rotterdam 2006; *Il Negozio*, youtube 2017; *Vita e morte e miracoli di Eftimios*, youtube 2020. **Documentari**: *Le ceneri di Pasolini*, International Film Festival Marseille 1994; *Leonardo Sciascia autoritratto*, Rai-Tv 2000; *Il Secolo dell'Ebbrezza*, Faito Doc Festival 2005, *Buster Keaton Autoritratto*, cinema romano Apollo 11, 2020. **e-Book multimediali in chiaro**: *La Vita Nuova* http://www.fulminiesaette.it/modules/news/

Tengo il canale YouTube https://www.youtube.com/user/pasqualemisuraca, la pagina Facebook https://www.facebook.com/home.php#/profile.php?id=1622813222&ref=name, il sito-rivista http://www.fulminiesaette.it/modules/news/, il sito-officina http://www.pasqualemisuraca.com/sito/, la rubrica Fulmini e Saette su *Alias* https://ilmanifesto.it/search/pasquale+misuraca

I miei libri si trovano su Amazon https://www.amazon.it/Libri-Pasquale-Misuraca/s?rh=n%3A411663031%2Cp_27%3APasquale+Misuraca

Printed by Amazon Italia Logistica S.r.l.
Torrazza Piemonte (TO), Italy

52839700R00109